ANNETTE MATTHIAS

Integrationsrechtliche Probleme im Recht der Europäischen Gemeinschaften

Schriften zum Internationalen Recht

Band 13

Integrationsrechtliche Probleme im Recht der Europäischen Gemeinschaften

Das Problem der Willensverschränkung im Recht der Europäischen Gemeinschaften

Von

Dr. Annette Matthias

DUNCKER & HUMBLOT / BERLIN

Gedruckt 1979 bei Berliner Buchdruckerei Union GmbH., Berlin 61
Printed in Germany

ISBN 3 428 04353 7

Vorwort

Die Integration der Europäischen Gemeinschaft ist bei aller Vergleichbarkeit in einzelnen Zügen mit ähnlichen als supranational bezeichneten Organisationen in ihrem Wesen doch einzigartig. In einem Prozeß langsamer aber kontinuierlicher Annäherung entwickelt sich hier ein übernationales politisches Gebilde mit zunehmend staatsähnlichem Charakter — und zwar ohne daß Machtausübung oder Gewaltanwendung den Fortschritt bestimmt, also mit demokratischen Mitteln. Es ist eine interessante, ja faszinierende Aufgabe, die Bedingungen der Möglichkeit dieser Integration zu untersuchen. Hierzu bedarf es der Forschungsarbeit verschiedenster wissenschaftlicher Disziplinen. Wir wollen versuchen, von juristischer Fragestellung und speziell vom Institutionenrecht her einen Beitrag zur Erhellung der Problematik zu leisten.

Die vorliegende Arbeit versteht die Wirklichkeit der Europäischen Gemeinschaft als eine Verknüpfung von mehreren, jeweils sich selbst verantwortlichen Willen (sc. den Willen der souveränen Einzelstaaten) mit einem postulierten Gemeinschaftswillen, dessen vorläufige Erscheinungsform die komplizierte Institutionenordnung als Willensträger der Europäischen Gemeinschaft ist. Der jeweils erreichte Stand politischer Übereinstimmung kennzeichnet die Grenze dieser Zuordnung.

Mit der so gearteten Verknüpfung sind Interessenkonflikte gegeben, die geschichtlich, politisch und juridisch ihre Berechtigung haben. Sie könnten von heute auf morgen nur durch einen für unser demokratisches Gemeinschaftsleben undenkbaren Machtspruch aus der Welt geschafft werden. Wie aber lassen sie sich gemäß dem demokratischen Postulat der Europäischen Gemeinschaft überwinden?

Offensichtlich ist, daß eine für alle Beteiligten akzeptable Gesetzgebung stattfinden muß — und wir können in der jüngsten Vergangenheit sowie in der Gegenwart ein unablässiges Bemühen dahin feststellen. Durch welches rechtstechnische Mittel vermag diese aber die Interessenkonflikte zu überwinden, d. h. die abweichenden Willen in sich aufzunehmen und sie nicht beiseitezuschieben? Damit geht es um die Frage, welche Rechtstechnik die Gemeinschaftsorgane bisher für ihre Gesetzgebung benutzt haben und von Vertrags wegen benutzen konnten und mußten, damit weder durch allzu schwerwiegende Eingriffe in die einzelstaatliche Souveränität das Einigungswerk gefährdet, noch dieses durch allzu vorsichtige Rücksichtnahme auf einzelstaatliche Interessen so verzögert würde, daß der Einigungswille seine Wirkungskraft verlöre.

Die seit langem unüberhörbare Kritik am Gesamtwerk „Europa" kommt aus zwei sehr entgegengesetzten theoretischen Richtungen. Den Europa-Idealisten geht die Integration bei weitem nicht schnell und grundsätzlich genug voran. Ihre opportunistischen Gegner sehen in der europäischen Einigung lediglich eine politisch und wirtschaftlich zweckmäßige Einrichtung, die um so besser gedeihe, je mehr die idealen und hochgespannten Ziele der Gründerzeit abgestreift würden.

Jenseits dieser Auseinandersetzung bleibt es ständige Aufgabe der Wissenschaft, die Wirklichkeit der europäischen Einigung in ihrem geschichtlichen Werdegang und in ihrer staatsrechtlichen Fortentwicklung zu untersuchen und zu analysieren und dadurch die eigentlichen Bedingungen dieses politischen Unternehmens aufzuzeigen. Damit verbindet sich die Erwartung, daß solche Untersuchungen, gerade weil sie nicht das politische Tagesgespräch behandeln, sondern mit dem der juristischen Wissenschaft zugeordneten Methodenbewußtsein ihre Arbeit tun, Antworten und Lösungsansätze für die politische Kontroverse bereitstellen und herausarbeiten können.

Die Grundlagen für diese Untersuchung konnte ich während eines neunmonatigen Aufenthaltes am Europa-Kolleg in Brügge als Stipendiatin des Auswärtigen Amtes erarbeiten. Denen, die dazu verhalfen, den Herren Staatsminister a. D. Dr. Johannes Strelitz und Oberbürgermeister der Stadt Mainz Jockel Fuchs sei gedankt. Dieser hat auch die Drucklegung der Arbeit durch einen großzügigen Zuschuß mitermöglicht und dadurch einmal mehr sein großes europapolitisches Interesse bekundet. Die Leitung des Kollegs und die Dozenten seien an dieser Stelle herzlich gegrüßt. Besonders gerne erinnere ich mich der anregungsreichen Diskussionen mit Herrn C. D. Ehlermann, wenn dieser auch vielleicht manchmal ob meiner Darstellung den Kopf schütteln mag.

Die Themenstellung, die zugrundeliegenden Einsichten in staatsrechtliche Probleme und vielfältige Anregungen verdanke ich Herrn Professor Dr. Werner von Simson. Seine Gedanken vermochte er uns Studenten durch Veranschaulichung an Beispielen praktischer Erfahrung aus seiner langjährigen Tätigkeit am EuGH in Luxemburg nahezubringen. Ohne die hiervon genährten Diskussionen, mit denen Professor von Simson meine Untersuchungen in ungewöhnlicher Geduld und ständiger Gesprächsbereitschaft begleitete, hätte ich die Arbeit schwerlich anfertigen können. Gerne denke ich auch an die rechtsphilosophischen Seminare bei Professor Dr. Alexander Hollerbach zurück. Die dort gewonnenen Erkenntnisse wurden zur Grundlage der Kategorienbildung.

Besonderen Dank möchte ich auch meinen Eltern aussprechen, die mir während der Studien- und Promotionszeit mit Rat und Tat zur Seite gestanden haben, wobei manche kritische Anmerkung meines Vaters zu genauerer Durchdringung der Problematik half.

Annette Matthias

Inhaltsverzeichnis

Erstes Kapitel

Willensverschränkung als staatsrechtliches Problem

Zweites Kapitel

Willensverschränkung zwischen Kommission und Ministerrat

Drittes Kapitel

Willensverschränkung beim Europäischen Parlament

Viertes Kapitel

Willensverschränkung beim Europäischen Gerichtshof

Erstes Kapitel

Willensverschränkung als staatsrechtliches Problem

I. Willensverschränkung als rechtstechnisches Mittel

1. Das Recht der Europäischen Gemeinschaften

Die Europäischen Gemeinschaftsverträge[1] wollen Europa als politische Gemeinschaft möglich machen. Das wird in der Präambel zum EWG-Vertrag am eindrücklichsten formuliert. Dabei soll die Souveränität der vertragschließenden Einzelstaaten nicht aufgehoben werden. Die Verträge versuchen, den Willen der Mitgliedstaaten untereinander und mit dem Gemeinschaftswillen so zu koordinieren, daß die Integrationsabsicht sich entwickeln kann, ohne daß sie sich gegen die Souveränität und gegen fundamentale Interessen der Einzelstaaten wendet[2]. Hinter dem einzelstaatlichen Willen stehen nicht nur hoheitliche Motive, sondern in ihm kommt auch das organisierte Interesse von Gruppen und Verbänden, von Parteien und Gewerkschaften, von Bürgerinitiativen, von föderalistischen Selbstverwaltungskörperschaften und von als Öffentlichkeit sich darstellendem, rational nicht abgeklärtem Wollen der politisch-demokratisch aufgerufenen Massen zur Sprache und wird als politischer Wille artikuliert. Das Integrationsproblem mußte in den Verträgen in der Weise gelöst werden, daß die aus den unterschiedlichen Interessen und den konkurrierenden Entscheidungsbereichen sich bildenden Absichten der Mitgliedstaaten miteinander in Einklang gebracht werden konnten, um sich als europäisches Recht zu konstituieren und zu entwickeln. Damit stoßen wir auf die Frage nach den rechtstechnischen Mitteln, mit denen die Verträge den europäischen Gedanken in die Gemeinschaftswirklichkeit überführen wollen. Dieses methodische Instrumentarium liegt in den Verträgen selbstverständlich nicht offen zutage, es muß wissenschaftlich analysiert werden. Es zu rationaler

---

[1] Wir beziehen uns auf die amtliche Ausgabe der Vertragstexte in französischer Sprache von 1973, hrsg. und verlegt vom Office des Publications Officielles des Communautés européennes, Luxemburg 1973.

[2] Dieses scheinbare Paradoxon faßt *Werner von Simson* in der Formulierung, daß nicht auf Hoheitsrechte verzichtet werden müsse, sondern, daß diese nur noch gemeinsam wahrzunehmen seien (in persönlicher Diskussion).

Klarheit zu bringen, ist um so dringlicher, als die Zusammenarbeit der verschiedenen Entscheidungsbereiche in der Gemeinschaft immer weniger durchschaubar wird. Es soll in dieser Untersuchung die These zur Diskussion gestellt werden, daß das rechtstechnische Mittel der Willensverschränkung eine besondere Rolle in den EG-Verträgen und insbesondere im Institutionenrecht[3] spielt und daß durch die Willensverschränkung das Integrationsziel in herausragender Weise gefördert wird, und zwar unter besonderer Beachtung der in der Präambel zum EWG-Vertrag ausdrücklich genannten demokratischen Grundvorstellung[4].

2. Zum Begriff der Willensverschränkung als rechtstechnischen Mittels

Der Forschungsstand gestattet es nicht, eine Begriffsdefinition an den Anfang unserer Überlegungen zu stellen. Notwendig und möglich ist es aber, dem Begriff Anschauung zu geben[5] und also die Funktion der Willensverschränkung im allgemeinen darzustellen[6].

Unter Willensverschränkung verstehen wir in unserem Zusammenhang den eigentlichen technischen Weg, auf dem sich die von der Eigenart des europäischen Integrationskonzeptes her abzeichnende Notwendigkeit einer vereinheitlichenden und einheitlich vorgehenden Willensbildung zusammendenken und koordinieren läßt mit dem spezifischen Willen und der tradierten Souveränität der Einzelstaaten, mit der Berücksichtigung möglichst vieler Interessen und Bedürfnisse, mit der Unabhängigkeit nationalstaatlicher Judikative und mit dem öffentlichen Bewußtsein als Allgemeinheit der Ansichten und Gedanken der vielen. In der EG ist politisches Wollen verschiedener Willenssubjekte (sc. der

---

[3] Jede völkerrechtliche Beziehung versucht, durch Willensverschränkung den natürlichen Antagonismus der Staaten zu überwinden. Eine solche allgemeine Willensverschränkung ist nicht Gegenstand unserer Untersuchung. Es kommt vielmehr darauf an, wie Willensverschränkung sich als Institutionenrecht formalisiert und dadurch zum rechtstechnischen Mittel der Integrationsbestrebungen wird.

[4] Diese demokratische Grundvorstellung ist in der Präambel zum EWG-Vertrag, Abs. 7 angesprochen: „Résolus a affirmer ... les sauvegardes de la paix et de la liberte, et appelant les autres peuples de l'Europe qui partagent leur ideal a s'associer a leur effort." Hier wird von der Wahrung von Frieden und Freiheit gesprochen, dies ist für europäisches Staatsbewußtsein nur in einem demokratischen System möglich.

[5] Vgl. *Immanuel Kant* in: Kritik der reinen Vernunft, S. 51: „Ohne Sinnlichkeit würde uns kein Gegenstand gegeben und ohne Verstand keiner gedacht werden. Gedanken ohne Inhalt sind leer, Anschauungen ohne Begriffe sind blind ... Der Verstand vermag nichts anzuschauen und die Sinne nichts zu denken. Nur daraus, daß sie sich vereinigen, kann Erkenntnis entspringen."

[6] Einige wichtige Informationen dieser Art gibt *Werner von Simson* in VVDStRL 29, S. 30 und S. 12.

Einzelstaaten) vereinigt worden, und zwar so, daß durch die in den Verträgen rechtlich festgelegten Verfahren die Aufgabe der integrierenden Willensbildung an die europäischen Institutionen übertragen worden ist, die damit den Auftrag zur Vergemeinschaftung der ursprünglich verschiedenen Willensinhalte und Willensrichtungen übernommen haben. Um aus den ursprünglich und bleibend verteilten und divergierenden Willensmöglichkeiten eine notwendig einheitliche Willenswirklichkeit entstehen zu lassen, müssen jene sich untereinander verschränken, d. h. „voneinander abhängig gemacht, vorformuliert und auf bestimmte Alternativen reduziert werden, zwischen denen das zuständige Willenssubjekt allein wählen kann“[7]. In diesem Sinne schafft Willensverschränkung die Möglichkeit, daß die einzelnen Willenssubjekte Wahlmöglichkeiten mit verwertbaren Ergebnissen angeboten bekommen, und zwar in dem Dilemma von zentraler, uneingeschränkter Willensbildung (sc. durch die Gemeinschaft) und eigenständiger Freiheit und Verantwortung (sc. der Mitgliedstaaten). Willensverschränkung heißt so Begrenzung des Gemeinschaftswillens durch Organe einzelstaatlicher Willensbildung und heißt zugleich Freiraum und Verantwortung auch für diesen Gemeinschaftswillen. Juridisch gesprochen soll Willensverschränkung aus möglicher uneingeschränkter Willensbildung begrenzte, andere Willensbildung einbeziehende, Freiheit und Verantwortung anderer bestehen lassende, also „gehemmte“ Wahlmöglichkeiten bei der Willensbildung schaffen. Die Willensbildung der Gemeinschaftsorgane stößt jeweils auf Interessen und Absichten anderer staatstragender Kräfte, die ihrerseits als Willenssubjekte sich würden durchsetzen wollen, wenn nicht — und zwar auf Gegenseitigkeit — Verzicht auf hemmungslose Willensentfaltung geübt würde. Damit wird die Wahlmöglichkeit bei der jeweiligen Willensbildung eingeschränkt, und um diese Einschränkung auf verwertbare Ergebnisse hin festzulegen, bedarf es der Aufnahme eines Höchstmaßes an Informationen über andere Willensabsichten, der Berücksichtigung möglichst vieler, selbst organisationsunfähiger Interessen und Bedürfnisse und der Rücksichtnahme auf tradierte Wertvorstellungen, auf Freiheit und Verantwortung der einzelnen Willenssubjekte[8]. In diesem Sinne soll Willensverschränkung als technisches Mittel zur Integration verstanden werden, durch das eine europäische Willensbildung möglich wird, unbeschadet einzelstaatlicher Souveränität[9].

---

[7] *Werner von Simson* in VVDStRL 29, S. 12.

[8] *Werner von Simson* in VVDStRL 29, S. 29.

[9] Unsere Untersuchung geht von einem notwendigen und bleibenden Antagonismus zwischen Gemeinschaftswillen und einzelstaatlicher Souveränität aus. Sie setzt voraus, daß dieser Antagonismus von den Verträgen akzeptiert und in die verfassungsmäßige Ordnung einbezogen wird. Das ergibt sich einerseits aus dem Wortlaut der Präambel zum EWG-Vertrag,

3. Die mögliche Funktion der Willensverschränkung als rechtstechnischen Mittels der EG-Verträge

a) Idealtypische Vorstellung von Willensverschränkung und die EG-Verträge

Zur Frage steht, wie die Verträge im Institutionenrecht die Willensverschränkung im dargestellten Sinne realisieren und ob und inwieweit sie das, was Willensverschränkung im idealtypischen Sinne leisten kann, durch die Weise, wie sie Willensverschränkung im Institutionenrecht und durch das Institutionenrecht praktizieren, de facto leisten.

b) Überführung des europäischen Gedankens in staatspolitische Wirklichkeit durch Willensverschränkung

Über Willensverschränkung als rechtstechnischen Mittels zur Verwirklichung des demokratischen Prinzips im Grundgesetz hat Werner von Simson in seinem Vortrag auf der Staatsrechtslehrertagung in Speyer (1971) unter dem Thema „Das demokratische Prinzip im Grundgesetz" Wesentliches gesagt[10]. War darin sein Ziel darzulegen, wie das demokratische Prinzip verwirklicht wird, und konnte er zeigen, daß eine wesentliche Wirkung dafür von der Willensverschränkung ausgeht, so ist in dieser Untersuchung zu erörtern, ob und in welcher Weise die Willensverschränkung in den EG-Verträgen geeignet ist, den europäischen Gedanken in staatspolitische Wirklichkeit zu überführen[11].

c) Sicherung des politischen Einheitswollens durch Willensverschränkung

Es handelt sich freilich bei den europäischen Gemeinschaften um ein ungleich verletzlicheres Gebilde als bei dem durch das Grundgesetz

---

aus der hervorgeht, daß die Mitgliedstaaten weiter Herren der Verträge bleiben. Ferner ist dieser Antagonismus aufgenommen in der Institutionalisierung des Ministerrates (Art. 26 EGKSV, 145 EWGV, 115 EAGV), und er hat in dem Beschluß zur Anwendung des Einstimmigkeitsprinzips in den Luxemburg-Abkommen scheinbar sogar noch einmal einen Rückschritt in der Integration gebracht (vgl. aber unten II 2 d). Noch deutlicher wird die Einbeziehung und Anerkennung nationaler Interessen als schutzwürdiger Belange in den Vorschriften, die die sogenannten Schutzklauseln enthalten, etwa Art. 108, 109, 91 oder 25 EWGV. Durch diese Schutzklauseln wird gerade sichergestellt, daß nationale Belange auch von Gemeinschafts wegen zu berücksichtigen sind. Auch die Sonderabkommen mit einzelnen Mitgliedstaaten sind ein Ausdruck dieses Bemühens.

10 Veröffentlicht in VVDStRL 29, S. 2 ff.

11 Bereits in seinem Aufsatz „Der politische Wille als Gegenstand der Europäischen Gemeinschaftsverträge" in der Festschrift für Otto Riese (1964), S. 83 ff. hat *Werner von Simson* diese Problematik dargetan, ohne jedoch den Begriff der Willensverschränkung zu verwenden (im folgenden zit. Festschrift).

geschaffenen Staatswesen Bundesrepublik Deutschland, weil es für die Europäischen Gemeinschaften eine rechtliche Sicherung gegen ihre Aufhebung nicht gibt[12]. Es fehlt ihnen auch an der Möglichkeit, durch unmittelbaren Vollzug das Beschlossene in den Mitgliedstaaten durchzusetzen. Die institutionalisierte Gemeinschaft der europäischen Staaten ist daher weit mehr auf einen fortdauernden, ihren Bestand und ihre Entwicklung sichernden politischen Willen angewiesen[13]. An diesem entscheidend mitzuwirken, soll als die spezifische Aufgabe der Willensverschränkung aufgefaßt und nachgewiesen werden. Zur Frage steht, ob Willensverschränkung geeignet ist, den politischen Willen der Mitgliedstaaten auf den Gemeinschaftswillen hin bleibend zu motivieren, und zwar in dem Sinne, daß zwar „aus der übergreifenden rechtlichen Bindung allein" dies nicht zu erwarten ist, wohl aber „aus den faktischen Bedingtheiten, die ohne die rechtlichen Bindungen nicht eintreten könnten"[14], mit anderen Worten, daß die rechtlichen Bindungen durch Willensverschränkung sich so entwickeln und solche Fakten schaffen konnten, daß eine Aufhebung der Gemeinschaft für die Staatsraison nicht mehr denkbar ist.

d) Funktion der Willensverschränkung zur Bewahrung der Kontinuität des Integrationsprozesses der Gemeinschaft

Die Entscheidung zur europäischen Gemeinschaft hat ihren Sinn zunächst noch nicht erfüllt, sondern die europäischen Staaten sind durch sie auf dem Weg, in einem langwierigen Prozeß auf ein unbestimmtes Fernziel zur Integration hin sich zu entwickeln. Aus diesem geschichtlichen Prozeß sind Krisen, Gemeinschaftsmüdigkeit, scheinbare oder anscheinende Dominanz von Sonderinteressen nicht auszuschließen. Zur Frage steht, wie die Gemeinschaft als Prozeß möglich ist, ohne das je

---

[12] Wenn auch keine Kündigungsklausel in den Verträgen besteht, so sind völkerrechtliche Verträge dieser Art dennoch jederzeit kündbar. Verträge dieser Art bleiben auf den Vertragswillen der Mitglieder angewiesen und ihre Stabilität ist vorzugsweise darin zu sehen, daß durch sie die Verflechtung der Mitgliedstaaten immer weiter fortschreitet, und so die faktischen Bedingtheiten ihre Aufhebung immer schwieriger oder unmöglich machen; so *Werner von Simson* in: Festschrift, S. 91; so auch *Scheuner:* „Rechtliche Grundlage (für die Verfassung einer Staatenvereinigung und für die unter ihr erlassenen Normen) bleibt immer der im Vertrage niedergelegte Wille der Staaten. Daher bleiben sie auch letzten Endes Herren über die Gemeinschaft und das von ihr gesetzte Recht", zit. nach *Werner von Simson* in: Festschrift, S. 87 mit weiteren Nachweisen. Anderer Ansicht ist *Grabitz* in: „Gemeinschaftsrecht bricht nationales Recht", Hamburg 1966. Er folgert aus der unbegrenzten Dauer der Römischen Verträge und aus der dieser gleich zu behandelnden 50jährigen Dauer des EGKS-Vertrages, daß es für die Mitgliedstaaten keine rechtliche Möglichkeit gebe, sich aus den Verträgen zu lösen (op.cit., S. 36/37).

[13] *Werner von Simson* in: Festschrift, S. 88.

[14] *Werner von Simson* in: Festschrift, S. 91.

Erreichte und den Zusammenschluß als Ganzes zu gefährden, und worin die Bedingung zu dieser Möglichkeit liegt. Die zu erörternde These ist, daß die Willensverschränkung von den Verträgen selbst als rechtstechnisches Mittel verwandt wird, um die Gemeinschaftswerdung als Prozeß ohne die Gefährdung des je Erreichten wirkungsvoll durchzusetzen.

4. Willensverschränkung im Institutionenrecht (Programmatisches zu den Kapiteln 2 bis 4)

Demzufolge ist in den Kapiteln 2 bis 4 die Willensverschränkung im Institutionenrecht differenziert darzulegen, d. h. sowohl in ihrer systematischen Kompliziertheit als auch im geschichtlichen Wandel des sich entwickelnden Rechtes.

Zuvor soll in einer ersten Übersicht über die zu behandelnden Probleme eine kategoriale Analyse der Willensverschränkung im Zusammenhang mit einer begrifflichen Definition der Institutionen selbst versucht werden. Dabei werden die vier Institutionen behandelt, die nach Artt. 7 EGKSV, 4 Absatz 1 EWGV und 3 EAGV Gemeinschaftsorgane im eigentlichen Sinne sind und die unmittelbar und dauernd am Willensbildungsprozeß beteiligt sind. Andere Institutionen kommen in den Kapiteln zur Sprache, in die sie auf Grund ihrer Zuordnung zu diesen vier Gemeinschaftsorganen gehören.

II. Kategoriale Analyse der sich durch den politischen Willen zur Gemeinschaft verschränkenden Willen

1. Willensverschränkung in den Modalitäten des Willens selbst

Wir verstehen die Europäischen Gemeinschaften als Ausdruck eines sich in der Geschichte entfaltenden politischen Willens, der sich in der Rechtsordnung der Gemeinschaft nach und nach objektiviert. Dieser erscheint uns als ein komplexer Wille, der mehrere in Art und Ursprung unterschiedliche Willen in sich aufnimmt und so schließlich zu dem das Handeln der EG bestimmenden und leitenden Willen wird.

a) Der Fundamentalwille zur Gemeinschaft

Der für die Europäische Gemeinschaft grundlegende Wille ist am eindrücklichsten in den Präambeln zu den drei Verträgen zu finden. Er enthält dort Zielvorstellungen eines politischen Zusammenschlusses, ohne daß noch Handlungssubjekte (Institutionen) und Handlungsmodalitäten zur Verwirklichung dieser Zielvorstellungen konstituiert wären.

Diese Zielvorstellung ist auch in sich selbst unbestimmt, indem als Ziel der Staatenverbindung die europäische Einigung genannt wird. Es fehlt jedoch an einer genaueren staatsrechtlichen Definition im Sinne der Festlegung einer bestimmten staatsrechtlichen Form für das integrierte Europa. Wie rechtserheblich dieser Wille auch sein mag[15], er hat in den Verträgen die Funktion der Bedingung der Möglichkeit für alle Rechtssetzungen und also des legitimierten Grundes für die Gemeinschaftsordnung, und darum ist auf ihn Bezug zu nehmen. Wir nennen ihn im folgenden den Fundamentalwillen der Gemeinschaft, der sich durch größtmögliche Abstraktion von allen anderen Ausformungen des Gemeinschaftswillens abhebt.

Dieser Fundamentalwille kann, bezogen auf die Mitgliedstaaten, auch als das Interesse am integrierten Europa aufgefaßt werden, insofern das Interesse das notwendig bedingende Moment ist, um eine Tätigkeit zu beginnen, auch ohne Kenntnis des Resultates, das sich erst im Laufe der Zeit aus dem Tätigwerden ergibt.

Für die Organe der Gemeinschaft stellt sich der Fundamentalwille der Gemeinschaft in einem anderen Sinne dar. Für sie ist er der Existenzgrund, insofern er das Mittel zum Tätigwerden für die Gemeinschaft ist. Faßt man den Unterschied mit Kategorien aristotelischer Ontologie[16], so ist für die Mitgliedstaaten der Fundamentalwille in seiner Abstraktheit die „causa finalis", während die Organe der europäischen Einheit darin ihre „causa efficiens" finden. Beide verschränken sich, wodurch das Wesen der Gemeinschaft sich in ihnen realisiert, und zwar als Rechtsordnung der Gemeinschaft. Wir finden den Fundamentalwillen der Gemeinschaft wirksam in dem Verzicht der Mitgliedstaaten auf Ausschließlichkeitsrechte und also in der Rechtsordnung der Verträge selbst, und zwar in dem Sinne, daß er als Vorabbestimmung des Willens die Mitgliedstaaten an die gemeinsame Rechtsordnung bindet und die Rechtssetzungen von Kommission und Ministerrat — freilich indirekt über die nationalen Parlamente, die diesem

[15] Im Gegensatz zu *Hans Peter Ipsen*, der den Inhalt der Präambeln zu den EG-Verträgen für unergiebig hält (vgl. in: Europäisches Gemeinschaftsrecht, S. 989: „Der Zielgehalt der Präambeln ist aber auch sachlich unergiebig, soweit er anderes als Wohlstandsfortschritt und Freiheit postuliert."), scheint uns eine Beurteilung der Präambeln angemessenen, wie wir sie sinngemäß bei *Konrad Hesse* für die Präambel des Grundgesetzes finden (in: Grundzüge des Verfassungsrechts der Bundesrepublik Deutschland, 10. Auflage, S. 49). Danach gehört die Präambel zwar nicht zum normativen Teil der Verfassung, entfaltet aber gleichwohl eine unmittelbar rechtliche Bedeutung, indem sie die Ziele und grundsätzlichen Aufgaben des so verfaßten Staates normiert. In gleicher Weise scheint uns die Präambel vor allem des EWG-Vertrages rechtliche Wirkungen für die Verwirklichung der Gemeinschaft zu entfalten.

[16] *Aristoteles*, Metaph. A 3, P. 983 A, 26 τὰ δ' αἴτια λέγεται τετραχῶς, ὧν ... 983, A 30 τρίτην δὲ ὅθεν ἡ ἀρχὴ τῆς κινήσεως, τετάρτην δὲ τὴν ἀντικειμένην αἰτίαν ταύτῃ, τὸ οὗ ἕνεκα καὶ τἀγαθόν· (τέλος γὰρ γενέσεως καὶ κινήσεως πάσης τοῦτ' ἐστίν). — Vgl. auch: Physik B 3 P. 194 B, 29 = Metaph. Δ 2, P. 1013 A, 29.

Fundamentalwillen ihre Zustimmung gegeben haben — auch demokratisch legitimiert. Dergestalt verschränkt sich (bezogen auf die Mitgliedstaaten) der Fundamentalwille zur Gemeinschaft als causa finalis mit dem (bezogen auf die Gemeinschaftsorgane) Fundamentalwillen als causa efficiens, und in dieser Willensverschränkung hat die Gemeinschaft ihren Bestand und ihr Wesen. Alle daraus abgeleiteten Ausformungen des Gemeinschaftswillens verschränken sich mit diesen beiden Erscheinungsweisen des Fundamentalwillens zu politischer Wirklichkeit der Gemeinschaft. Insofern ist er für unsere Untersuchung ständiger Ausgangspunkt.

b) Der allgemeine Gemeinschaftswille

Von diesem Fundamentalwillen als der höchsten Abstraktionsstufe unterscheiden wir einen allgemeinen Gemeinschaftswillen, der sich in unterschiedlicher Konkretion und Modalität zeigt.

aa) Der abstrakte allgemeine Gemeinschaftswille

Wir finden diesen allgemeinen Willen zunächst in den Verträgen selbst vor. Seine größte Abstraktion hat er dort in den politischen Zielsetzungen der Gemeinschaft zur Annäherung, Harmonisierung oder Abstimmung der Wirtschafts-, Finanz- und Sozialpolitik (Artt. 103, 110, 117 EWGV). Weniger abstrakt werden die Maßnahmen festgelegt, die der Verwirklichung der vier Grundfreiheiten und des gemeinsamen Agrarmarktes dienen. In diese Modalität von Vorschriften sind auch die über den Wettbewerb (Artt. 85 ff.) einzubeziehen. Wir fassen beide im folgenden als den abstrakten allgemeinen Willen[17]. Seine Bedeutung liegt freilich nur am Rande dieser Untersuchung.

bb) Der konkrete allgemeine Gemeinschaftswille

Davon setzen wir einen konkreten allgemeinen Willen ab, der sich in den Verträgen als instrumentaler Wille zeigt, indem er die Institutionen einsetzt und deren Kompetenzen und Handlungsweisen bestimmt (Institutionenrecht der Verträge).

Konkreter allgemeiner Wille liegt auch vor (als substantieller Wille) bei allen Verordnungen, Beschlüssen und Direktiven (also den in Art. 189 EWGV konstituierten Formen gemeinschaftlicher Rechtssetzung), die durch Kommission und Ministerrat beschlossen werden. Konkret ist dieser Wille, weil er Anweisungen für Gemeinschaftshandeln gibt oder die dafür notwendige Institution einsetzt. Wir nennen

[17] Eine ähnliche Systematisierung der Gemeinschaftsnormen, allerdings mehr unter dem Gesichtspunkt der Verteilung von Rechtssetzungsbefugnissen auf Mitgliedstaaten und Gemeinschaft, finden wir bei *Pierre Pescatore* in EuR 1970, S. 310.

ihn zugleich allgemein, weil der sich hierin aussprechende Wille auf eine unbestimmte Vielzahl von Einzelfällen anwendbar ist oder Institutionen schafft, die für eine unbestimmte Vielzahl von Einzelfällen durch allgemeine Gesetzgebung zuständig sind. Der allgemeine Wille hat die Aufgabe, die Probleme des gemeinschaftlichen Handelns so zu ordnen, daß die Ergebnisse als rechtliche Richtschnur für das Gemeinschaftshandeln verstanden werden können. In ihm und also im Institutionenrecht kommt Willensverschränkung zu ihrer eigentlichen Bedeutung.

c) Der allgemeine nationalstaatliche Wille

Dem allgemeinen Willen der Gemeinschaft steht gegenüber ein allgemeiner nationalstaatlicher Wille. Dieser äußert sich in seiner allgemeinsten Form in der Verfassung der Mitgliedstaaten, in denen die einzelnen Staaten ihre rechtliche Grundlage finden, und in dem gültigen Recht dieser Staaten. Der allgemeine nationalstaatliche Wille erhebt Anspruch auf Wahrung seiner allumfassenden Regelungskompetenz zur Ordnung des Lebens seiner Bürger und intendiert daher seinem Wesen nach Wahrung einzelner staatlicher Souveränität. Als negative Ausprägung dieses allgemeinen nationalstaatlichen Willens ist Art. 24 GG in die kategoriale Analyse einzubeziehen, insoweit er als Teil der nationalstaatlichen Verfassung die Möglichkeit der Öffnung zu einer supranationalen Einheit statuiert und damit den Anspruch auf Wahrung der einzelstaatlichen Souveränität für bestimmte Bereiche relativiert. Aus der Aufgabe und der Notwendigkeit, die einzelstaatlichen Belange auch im Rahmen der Gemeinschaftsgesetzgebung zu vertreten und zu wahren, folgt ein grundsätzlicher Antagonismus der beiden allgemeinen Willen, der durch die Einsetzung bestimmter Institutionen und durch deren gegenseitige Zuordnung gelöst wird, wodurch die Willensverschränkung eine herausragende Bedeutung bekommt.

d) Der konkrete Gemeinschaftswille

Gegenüber diesem allgemeinen Willen ist der konkrete Gemeinschaftswille situativ bedingt und an ein bestimmtes Subjekt gebunden. Er ist derjenige, der sich in einer bestimmten geschichtlichen Situation aus der Anwendung des allgemeinen Willens ergibt, indem dieser die instrumentalen und substantiellen Voraussetzungen für jenen bietet.

aa) Die Einzelfallentscheidung

Der konkrete Wille ist zunächst institutionalisiert in der Einzelfallentscheidung, die in den Verträgen als Rechtsinstrument der Willensbildung vorgesehen ist (Artt. 14 EGKSV, 189 Absatz 4 EWGV, 161 Absatz 4 EAGV) und vornehmlich von der Kommission angewandt wird, wenn eine Maßnahme einen Mitgliedstaat oder eine Person individuell betreffen soll.

bb) Das Vorlageverfahren

Besondere Bedeutung erlangt der konkrete Gemeinschaftswille in der Institution des EuGH. Dieser ist durch das Vorlageverfahren (Art. 177 EWGV) berufen, den konkreten Gemeinschaftswillen zu bestimmen, wenn ein nationales Gericht für die Beurteilung eines Einzelfalles eine Rechtsauskunft über eine hierbei sich zeigende Rechtsfrage beim EuGH einholt.

cc) Das Vertragsverletzungsverfahren

Auch im Vertragsverletzungsverfahren (Art. 169 EWGV) wird der konkrete Gemeinschaftswille durch den EuGH festgestellt. Während im Vorlageverfahren versucht wird, den konkreten Gemeinschaftswillen für eine Person zu finden, indem in ihm der einzelne Marktbürger sein Recht bekommt, wird im Vertragsverletzungsverfahren der konkrete Gemeinschaftswille gegenüber den Einzelstaaten zur Geltung gebracht, indem deren nationalstaatliche Gesetzgebung, also der allgemeine nationalstaatliche Wille Objekt der Überprüfung durch den Gerichtshof ist. Der konkrete Gemeinschaftswille, der vom EuGH gefunden wird, unterscheidet sich von der Einzelfallentscheidung nach Art. 189 Absatz 4 EWGV dadurch, daß er nicht unmittelbarer Bestandteil der politischen Willensbildung der Gemeinschaft ist, sondern diese politische Willensbildung im Nachhinein (ex post) unter rechtlichen Gesichtspunkten überprüft und damit gleichzeitig Kriterien, Maßstäbe und inhaltliche Normen für deren weitere Gestaltung und Ausübung setzt.

Beim konkreten Gemeinschaftswillen findet insofern Willensverschränkung statt, als durch den Bezug zum allgemeinen Gemeinschaftswillen der konkrete Fall aus seiner subjektiven Interessenlage herausgenommen und bei bleibender Konkretheit doch objektiv, d. h. bezogen auf die Rechtsnorm der Gemeinschaft behandelt wird.

e) Der allgemeine subjektive und der allgemeine objektive Wille

Der allgemeine Wille der Gemeinschaft ist nicht nur in einen abstrakten und einen konkreten zu unterscheiden, sondern der konkrete allgemeine Wille zeigt sich dort als allgemeiner objektiver Wille, wo die Regierungsorgane als Organ der vom Volk ausgehenden Regierungsgewalt das aus Sachkenntnis für notwendig Erkannte also das objektiv Notwendige in Rechtssetzungen zu formulieren und zur Anerkennung zu bringen versuchen.

Als allgemeiner subjektiver Wille tritt er dort in Erscheinung, wo ein Parlament als Repräsentant des Volkswillens in subjektiver Freiheit seine Zustimmung zu dem Notwendigen gibt oder diese versagt, bzw. wenn es subjektiv und willkürlich Gewolltes den Regierungsorganen zur Überprüfung auf seine objektive Notwendigkeit hin vorschlägt.

2. Willensverschränkung in der Analyse der Institutionen

a) Willensverschränkung zwischen Kommission und Ministerrat

Im zweiten Kapitel wird die Verschränkung der Willen von Kommission und Ministerrat behandelt. Dabei wird vorausgesetzt, daß die Kommission in erster Linie die Interessen der Gemeinschaft als supranationaler Einheit vertritt, wohingegen der Ministerrat, ohne seine Gemeinschaftsabsichten aufzugeben, zunächst die nationalstaatlichen Belange zur Sprache bringt.

Dergestalt verschränkt sich in den Spitzenorganen der Gemeinschaftswille mit dem nationalstaatlichen Willen so, daß beide Gremien im Sinne pluralistischer Interessenartikulation ihre eigenen Probleme fördern, diese konkurrierend in den zugeordneten Entscheidungsbereichen behandeln und dann miteinander in Einklang bringen. Das Bemerkenswerte an den konkurrierenden Entscheidungsbereichen ist aber, daß die Willensbildung der beiden Organe auf zwei verschiedene Ebenen verteilt ist: Die Kommission hat das Vorschlagsmonopol und der Ministerrat die Verabschiedungskompetenz. Dem Willen der Kommission, die die Fülle der Notwendigkeiten aufgreifen und zur Durchführung vorschlagen kann, steht der Wille des Ministerrates gegenüber, der das zur Rechtsgültigkeit bringt, was für alle als Fortschritt annehmbar ist.

Dadurch wird der allgemeine Gemeinschaftswille verschränkt mit dem allgemeinen nationalstaatlichen Willen, und beide werden auf den Fundamentalwillen der Gemeinschaft verwiesen, den die Mitgliedstaaten durch die Zustimmung zum Vertragsschluß im Sinne der Präambel zum EWG-Vertrag akzeptiert haben und der für das Gemeinschaftsorgan (Kommission) qua Auftrag und Bestimmung oberste Richtschnur bedeutet.

Es wird zu verfolgen sein, wie sich das Verhältnis beider Organe und also deren Willensverschränkung im Laufe der Jahre und wesentlich beeinflußt durch schwerwiegende Krisen entwickelt hat (siehe zweites Kapitel, Abs. I, II) und zwar in gewohnheitsrechtlicher wie vertraglicher Zuordnung. Es soll auch auf spezifische Modifikationen der Willensverschränkung geachtet werden, die sich daraus ergeben, daß der Ministerrat Teile seiner Kompetenz auf Ausschüsse und Einrichtungen delegiert hat, ohne jedoch seine letztgültige Verantwortung aufzugeben (vgl. dazu zweites Kapitel, Abs. III).

b) Willensverschränkung und das Europäische Parlament

Das Europäische Parlament (EP), nach Art. 137 EWGV „Versammlung" genannt, kann als Ausdruck des demokratischen Selbstverständnisses der in der EG vereinigten Staaten angesehen werden. Auch in den Vertragsvorschriften über das EP gibt es Willensverschränkung, deren Erörterung Inhalt des dritten Kapitels sein soll.

Soll der Begriff „demokratisches Selbstverständnis" im Zusammenhang mit dem EP nicht leere Formel bleiben, muß der sich im Parlament äußernde Wille einerseits als ein an der europäischen Gesetzgebung mitwirkender Wille aufgefaßt und andererseits als Wille des Volkes, von dem alle Staatsgewalt ausgeht, verstanden werden, freilich in der Weise des Repräsentativsystems. Im Tätigwerden des Parlamentes finden demgemäß zwei Modalitäten von Willensverschränkung statt, die gesondert zu betrachten sind. Es handelt sich (aa) um die Willensverschränkung, bei der sich der Wille des Parlamentes mit dem Willen von Kommission und Ministerrat verbindet, sodann (bb) um die Willensverschränkung zwischen dem Willen des Wählers und dem Eigenwillen des Gewählten bzw. der gewählten Institution.

aa) Willensverschränkung zwischen dem Parlament und den europäischen Exekutiven

Zur ersten Orientierung über die genannte Verschränkung eignet sich u. E. Hegels Definition des „Parlamentes"[18]. Dieses hat nach Hegel die Bestimmung, daß die allgemeinen Angelegenheiten nicht nur, wie bei der Willensbildung der Regierung, „an sich", sondern auch in ihrem „Für-Sich-Sein" beraten und beschlossen werden. Hegel erläutert das „Für-Sich-Sein" der öffentlichen Angelegenheiten durch zwei Gedanken: Es bedeutet, daß (1) das Moment der subjektiven formellen Freiheit und (2) das öffentliche Bewußtsein als Allgemeinheit der Ansichten und Gedanken der Vielen darin zur Existenz kommen[19].

Hegels Beobachtungen und Analysen betrafen den Ständestaat. Unsere andersartige Gesellschaftsform bedarf einer Weiterentwicklung der Kategorien und baut auf neuen Vorstellungen auf. Dergestalt verschränkt sich der allgemeine gesetzgebende Wille in seiner objektiven Notwendigkeit, wie er von Kommission und Ministerrat entwickelt wird, mit dem allgemeinen, der Gesetzgebung zustimmenden Willen in seiner subjektiven Freiheit. Während Kommission und Ministerrat durch ihre Sachkenntnis die notwendigen Interessen der Mitgliedstaaten zu verstehen und zu formulieren suchen, bringen die Abgeordneten

---

[18] *Hegel* nennt es das „Ständische Element" in: Grundlinien der Philosophie des Rechts, § 301.

[19] Ebd., § 301.

als freie Mandatsträger die subjektive formelle Freiheit in die Willensbildung ein und ergänzen die als notwendig und zweckmäßig entwickelte europäische Gesetzgebung durch eine an subjektiven Meinungen und Bedürfnissen orientierte Willensbildung, so daß sich das Notwendige mit der subjektiven Freiheit verschränkt und zum öffentlichen Bewußtsein wird. Die subjektive Freiheit des Parlamentes ist freilich nicht mit individueller Zufälligkeit oder Willkür zu verwechseln, sondern ist als eine Bestimmung des Bewußtseins selbst zu fassen.

Die individuellen Willen werden nämlich zusammengefaßt unter einem objektiven Prinzip (sc. dem Mehrheitsprinzip), und sie gehen in dieser Zusammenfassung über die Gesamtheit der einzelnen Willen hinaus. Der dadurch entstandene Wille übergreift seine Bestandteile, und man könnte ihn in diesem Sinne auch einen objektiven nennen, wobei der Begriff „objektiver Wille" im bezug auf das Parlament sich mehr auf das geschichtlich Mögliche bezieht, während er sich bei der Regierung am Wesen der Sache orientiert. Gemäß dieser Unterscheidung kann der in den Verträgen vorausgesetzte Wille des Parlamentes als ein Wille verstanden werden, der sich an der höchsten Notwendigkeit orientiert und diese zur Sprache bringt. Er ist in seiner obersten Spitze nicht mehr bestimmt von der Diskussion über sachlich-inhaltliche Probleme etwa der europäischen Gesetzgebung, sondern an der europäischen Integration selbst, die vom Bewußtsein des Parlamentes her betrachtet als subjektive Freiheit verstanden werden muß, vom geschichtlichen Prozeß aus jedoch den Charakter einer Notwendigkeit erhält.

Bei der Einzelgesetzgebung findet das Parlament seine Bestimmung nicht in erster Linie durch besseres Wissen, sondern durch seine Funktion als „konstitutionalisierte Öffentlichkeit"[20] und durch die darin erfolgende Zustimmung des subjektiven Willens zu dem allgemeinen objektiven Willen. Es findet in dem Mitwirken des EP an europäischer Gesetzgebung eine Verschränkung des allgemeinen objektiven Willens im Sinne der Notwendigkeit und Zweckmäßigkeit bestimmter Gesetze mit dem allgemeinen subjektiven Willen im Sinne einer freien willkürlichen Meinungsbildung dergestalt statt, daß durch die abschließende Zustimmung des allgemeinen subjektiven Willens zu einer aus der Notwendigkeit erwachsenden Gesetzgebung, also zu einem allgemeinen objektiven Willen erreicht wird, daß das, was durch innere Notwendigkeit geschieht, zugleich auch durch die subjektive Freiheit vermittelt ist.

Die gezeigte Verschränkung kann jedoch auch in umgekehrter Richtung erfolgen, in dem Sinne, daß die Regierenden den im Parlament

[20] Vgl. *Jürgen Habermas* in: Strukturwandel der Öffentlichkeit, Neuwied 1973, S. 246.

zur Diskussion gelangten subjektiven Willen der Regierten aufnehmen und diesen als den objektiven betrachten, d. h. unter dem Gesichtspunkt eines notwendigen Wollens behandeln. Zwar hat das EP de lege lata noch kein Initiativrecht. De lege ferenda wird dies von manchem im Zusammenhang mit der Durchführung der Direktwahlen erwartet. Auch ohne die Institutionalisierung eines Initiativrechtes für das EP findet jedoch die Verschränkung des sich im EP artikulierenden subjektiven allgemeinen Willens mit dem objektiven allgemeinen Willen statt, insofern als die Regierenden auf die grundsätzliche Zustimmung der Regierten angewiesen sind und sich daher auch an deren subjektiven Interessen und Bedürfnissen orientieren.

bb) Verschränkung des Wählerwillens mit dem Willen des Gewählten in ihrer besonderen Ausprägung beim EP

Die Abgeordneten des EP haben nach Art. 4 der Geschäftsordnung des EP ein freies Mandat. Entsandt in der Regel von den Fraktionen der nationalen Parlamente und also durch deren Willen eingesetzt vermögen sie während der Legislaturperiode ungebunden durch die nationalen Interessen und durch die Politik der Fraktionen sich als Repräsentanten aller europäischen Wähler zu verstehen, so daß sich der formale betrauende Wille verschränkt mit dem politischen Eigenwillen des jeweiligen Abgeordneten, dessen Handeln durch die Betrauung inhaltlich nicht bestimmt ist. Unter diesem Gesichtspunkt scheint es sich beim freien Mandat um eine „ausschließende" Willensverschränkung zu handeln, die dadurch gekennzeichnet ist, daß erst nach Ablauf der jeweiligen Legislaturperiode[21] das Resultat des Handelns mit rechtlicher Wirksamkeit beurteilt wird[22], ja, daß der Wähler das Handeln der Abgeordneten nach diesem Resultat durch Ausübung seines Wahlrechtes beurteilen muß. Weil also durch Recht und Verantwortung der Wähler das von dem Abgeordneten Gewollte in regelmäßigen Abständen bei der Neuwahl zu beurteilen hat, findet psychologisch eine ständige Willensverschränkung trotz des freien Mandates statt.

Die Freiheit des Mandatsträgers liegt darin zu entscheiden, wieweit er dem folgen soll, was er selbst als notwendig und förderlich ansieht, oder dem, was seine Wähler von ihm erwarten. Als freier Mandatsträger hat der europäische Abgeordnete in allen Entscheidungsprozessen zu beurteilen, inwieweit er den nationalstaatlichen und den parteipolitischen Interessen Rechnung tragen will und wie sich diese vertragen mit seiner Funktion als Vertreter aller europäischen Bürger und

---

[21] Es ist anzumerken, daß die europäischen Staaten je verschiedene Legislaturperioden und unterschiedliche Wahltermine haben, so daß es im EP zu gelegentlich starker Fluktuation von Abgeordneten kommen kann.

[22] Vgl. *Werner von Simson* in VVDStRL 29, S. 33.

welches Resultat die dabei, d. h. in seiner eigenen Entscheidung, stattfindende Willensverschränkung haben soll[23]. Die umrissene Willensverschränkung analysiert den gegenwärtigen Rechtszustand, der das Doppelmandat als zwingend vorschreibt (d. h. nur Mitglieder nationaler Parlamente können dem EP angehören).

Der Vertrag über die bevorstehende Direktwahl[24] macht in Art. 5 für jeden Mitgliedstaat die fakultative Entscheidung für oder gegen das Doppelmandat möglich.

c) *Willensverschränkung im Europäischen Gerichtshof*

Dem Europäischen Gerichtshof (EuGH) als Institution der Europäischen Gemeinschaft kommt die dritte Gewalt zu, jedoch fehlt ihm die Möglichkeit, die sonst im Rahmen der Gewaltenteilung vorgesehen ist, seine Entscheidungen durchzusetzen, weil ein ihm zugeordnetes Exekutivorgan fehlt. Die Exekutivgewalt kann nur mittelbar ausgeübt werden, indem die Mitgliedstaaten zur Vollstreckung der Beschlüsse verpflichtet sind. Er ist den nationalen Gerichten auch nicht in hierarchischer Rangfolge zugeordnet, also auch keine Berufungsinstanz. Damit deutet sich schon die Notwendigkeit einer Verschränkung mit der nationalen Judikative an, die im Vorlageverfahren (Art. 177 EWGV) ihren typischen Ausdruck findet.

Daneben findet im Bereich des EuGH Verschränkung statt im sogenannten Vertragsverletzungsverfahren (Art. 169 EWGV), in dem der Gerichtshof berufen ist, „den Zusammenhang zwischen der Rechtsbefolgung im Einzelnen und der Zugehörigkeit zur Gemeinschaft im Ganzen“[25] zu wahren. Beide Probleme werden im vierten Kapitel dargestellt. Es sei jedoch schon hier klargestellt, daß dem EuGH (wie jedem Gericht) keine Funktion im Rahmen primärer politischer Willensbildung zukommt[26], sondern, daß der EuGH für den konkreten und in der Regel strittigen Fall sagt, wie er auf Grund vorgängiger politischer Willensbildung zu beurteilen ist. Daß ihm dabei zugleich auch rechtsschöpferische Bedeutung zukommt, hängt mit dem komplizierten Ver-

[23] Diese psychologische Komponente des freien Mandates scheint uns in Werner von Simsons Abhandlung über „Das demokratische Prinzip im Grundgesetz“ nicht deutlich zu werden, vielmehr wird die idealtypische Seite des freien Mandats („nur seinem Gewissen verantwortlich“) u. E. etwas überbetont.

[24] Vgl. den Vertragstext in EA 1976 D 506.

[25] *Werner von Simson* in: Festschrift, S. 94.

[26] Zu dieser grundsätzlichen Aussage korrespondiert die Tatsache, daß die Rechtsprechung des EuGH sich von einer statischen (vgl. die Monnet-Rabatt-Urteile) zu einer dynamischen Interpretation des Gemeinschaftsrechts entwickelt hat, die mancher Kritik ausgesetzt ist, weil sie sich als eine allzu politische Interpretation erweise (z. B. AETR-Urteil vom 31. 3. 71).

hältnis von allgemeinem zu konkretem Recht und mit dem Problem der Hermeneutik[27] zusammen und bewirkt, daß politische Lücken durch den EuGH in eigener Entscheidung ausgefüllt wurden.

aa) Willensverschränkung im Vorlageverfahren (Art. 177 EWGV)

Wir haben es bei den Beschlüssen des Gerichtshofes nicht unmittelbar mit dem allgemeinen Willen zu tun, sondern mit dessen Anwendung auf den Einzelfall und damit mit dessen Bezug zum konkreten Willen. Freilich wird der Einzelfall nicht vom EuGH entschieden, sondern nur die aus einem Einzelfall erwachsene, vom nationalen Gericht bezweifelte Rechtsfrage. Die Entscheidung geschieht mit der spezifischen Bedeutung, daß hier der konkrete Wille seine Ausgestaltung nicht einem bestimmten Interesse verdankt (während er im allgemeinen dadurch seine besondere Eigenart erlangt). Bei der Interpretation des konkreten Willens in dieser bestimmten Modalität ist das Vorlageverfahren von besonderer Bedeutung. In ihm sucht das Rechtssubjekt sein Recht gegenüber der nationalen Verwaltung, dergestalt daß es die nationale Judikative anruft und diese, weil es sich um ein Problem des Gemeinschaftsrechts handelt, den EuGH zur Rechtsinterpretation heranzieht. Damit findet Willensverschränkung statt.

Als Axiom dieser Verschränkung kann die Bewahrung der Unabhängigkeit beider Judikativen angesehen werden, eine Unabhängigkeit, die durch eine bestimmte Verteilung der Kompetenzen bei der gemeinsamen Arbeit an einem Problem erreicht werden soll[28].

Verschränkung unter dieser Axiomatik ist nur möglich, wenn beide Gerichte ein einheitliches „Rechtstelos“ finden, das letztlich die Funktion eines Interpretamentes bekommt und in dem Fundamentalwillen zur Gemeinschaft, d. h. in der Präambel der EG-Verträge seine verfassungsrechtliche Existenz erhalten hat.

Die Gewährleistung einheitlicher Rechtsanwendung unter gleichzeitiger Respektierung der Grenzen sowohl der Hoheitsgewalt der EG wie auch der Mitgliedstaaten wird erreicht durch eine Kompetenzverteilung, die vorsieht, daß der EuGH den vorgelegten konkreten Fall in abstracto behandelt, während der nationale Richter nach der so gefundenen Rechtsbedeutung der anzuwendenden Norm konkret entscheidet. Wir werden zu zeigen versuchen, daß der Sinn dieser Kompetenzverteilung in der Willensverschränkung zu finden ist, die für diesen Bereich eine recht komplizierte Konstruktion darstellt.

---

27 Vgl. *Hans-Georg Gadamer* in: Wahrheit und Methode, S. 307 ff.

28 Vgl. *Zehetner* in: Zum Vorlagerecht nationaler Gerichte an den Gerichtshof der Europäischen Gemeinschaften, EuR 1975, S. 113 ff. (115).

bb) Willensverschränkung im Vertragsverletzungsverfahren

Im Vertragsverletzungsverfahren kommt dem Gerichtshof anders als im Vorlageverfahren quasi die Funktion eines Verfassungsgerichtes zu, indem er dort im wesentlichen die Vertragswidrigkeit einzelner nationaler Gesetze feststellt und den Mitgliedstaat zu deren Aufhebung auffordert. Es verschränkt sich demgemäß nicht der rechtsprechende Wille der nationalen Gerichte mit der Rechtsprechung des EuGH (wie im Vorlageverfahren), sondern es liegt hier eine grundsätzlich andere Willensverschränkung vor. Indem der EuGH den allgemeinen nationalstaatlichen Willen an dem allgemeinen Gemeinschaftswillen mißt, dabei eine Unvereinbarkeit feststellt und darin eine Vertragsverletzung erkennt, wird der betreffende nationalstaatliche Wille mit dem Fundamentalwillen zur europäischen Gemeinschaft verschränkt, dergestalt, daß zur Anpassung an die Gemeinschaftsnorm aufgefordert wird.

Und umgekehrt: Mit der Vertragsverletzung durch einzelne Normen wird die Vertragstreue gegenüber den europäischen Gemeinschaften im Ganzen in Frage gestellt. Somit liegt der Rechtssinn im Verfahren um die Vertragsverletzung nicht vornehmlich in der Vertragsverletzung in ihrer Einmaligkeit und Subjektivität, sondern vielmehr geht es um die „Versöhnung des Rechtes mit sich selbst“[29], in unserem Zusammenhang also um die Wiederherstellung des Fundamentalwillens zu Europa in seiner allgemeinen Gültigkeit gemäß der Präambel zu den EG-Verträgen.

Indem der Gerichtshof die Rechtsbefolgung im einzelnen mit dem Gesamtprinzip der Vertragstreue verschränkt, hebt er die Vertragsverletzung aus ihrer situativen Bedingtheit heraus und stellt sie auf eine „Ebene der Fundamentalentscheidung“[30], auf der mit einer einzelnen Vertragsverletzung die Gemeinschaftszugehörigkeit im ganzen in Frage gestellt wird, weil mit der Aufrechterhaltung der vertragsverletzenden Norm die oben gekennzeichnete Willensverschränkung nicht mehr gegeben wäre.

---

[29] *Georg Friedrich Wilhelm Hegel* in: Grundlinien der Philosophie des Rechts, § 220.

[30] Vgl. *Werner von Simson* in: Festschrift, S. 93.

Zweites Kapitel

Willensverschränkung zwischen Kommission und Ministerrat

I. Willensverschränkung zwischen Kommission und Ministerrat und die Forderung nach einem einheitlichen Gemeinschaftsorgan

1. Die Zuordnung von Kommission und Ministerrat

Bekanntlich liegt die politische, die beschließende und die exekutive Leitung der EG seit Anfang der Gemeinschaftstätigkeit in den Händen zweier grundsätzlich auf gleichrangige Zusammenarbeit hin konstruierter Institutionen: der Kommission und des Ministerrates.

Es kommt darauf an zu erörtern, von welcher Art und Legitimation die jeweils bei der Beschlußfassung zusammenwirkenden Willen beider Organe sind, und wie sie sich verschränken. Dabei ist u. E. von grundlegender Bedeutung und Voraussetzung für die Untersuchung, daß die beiden Organe zwei verschiedene Interessen vertreten, nämlich das „nationalstaatliche" und das „supranationale", und es steht zur Frage, wie beide Organe unter Beachtung der eigenen, aber auch unter Einbringung und Berücksichtigung der Interessen der Gegenseite den Willensbildungsprozeß vollzogen haben und welche rechtlichen Bestimmungen hierfür leitend waren und sind.

Die Zuordnung des Ministerrates, der als Gemeinschaftsorgan die Gemeinschaftsziele zu verfolgen hat und dennoch vorzugsweise dabei zur Vertretung der nationalen Interessen berufen ist, zur Kommission als reinem Gemeinschaftsorgan, die sich gleichwohl der Notwendigkeit williger Mitarbeit der Nationalstaaten bewußt ist, diese Zuordnung von Organen also, die — obgleich sie beide Gemeinschaftsorgane sind — dennoch akzentuierend je ihre eigenen Interessen vertreten, macht die Beschlußfassungsmodalität in den Europäischen Gemeinschaften so singulär und darum interessant.

2. Heinz Wagners Begriff der Verzahnung

Bezeichnet H. Wagner in seiner Abhandlung über „Grundbegriffe des Beschlußrechtes der Europäischen Gemeinschaften" die vertragliche

Zuordnung beider Gremien als für „staatenintegrierende Verbände“[1] spezifische und notwendige Verschränkung von nationalstaatlicher Interessenvertretung und supranationalem Willensbildungsorgan[2], so will diese Betrachtungsweise für das Verhältnis von Kommission und Ministerrat auf die Verwendung von Instrumentarien hinweisen, durch die sich der Willensbildungsprozeß „verzahnt“[3]. Uns scheint die Frage nach dem „Wie“ dieser Verzahnung von Bedeutung zu sein. Wir fragen damit nach der Strukturierung und Festlegung der „Verzahnung“ im Institutionenrecht der beiden Organe, also nach der Willensverschränkung als rechtstechnischem Mittel, und wir klammern damit die von H. Wagner beschriebene politische Verzahnung aus, weil sie mehr auf Kompromissen, Verhandlungsgeschick und diplomatischen Fähigkeiten als auf Rechtssatzungen aufbaut.

Für H. Wagner ist das reine Faktum der Verzahnung allein wichtig, nicht jedoch der Modus dieser Verzahnung. Er sagt: Es liegt „eine Eigenart staatenintegrierender Beschlußfassung in der funktionellen Verzahnung mehrerer (rechtlich schwer bestimmbarer) Organe und in der Einschaltung der Staaten in die gesamtverbandliche Willensbildung (auch außerhalb des föderativen Organs“[4].

H. Wagner hat zwei Anliegen: (1) verweist er auf die integrierende Kraft von Beschlüssen, an denen verschiedene Organe in verschränkender Weise beteiligt sind, und (2) konzentriert er sich auf den Inhalt der Beschlüsse, ohne zu einer differenzierten Betrachtungsweise ihres Zustandekommens zu gelangen.

Daß es bei einer Betrachtung des Beschlusses selbst größte Schwierigkeiten bereitet, den jeweiligen Anteil der einzelnen Organe inhaltlich zu unterscheiden, wie Wagner konstatiert, ist zweifellos richtig. Ein solches Bemühen scheint uns aber wenig aufschlußreich. Bedeutsam für das Verständnis und für die Würdigung der Zuordnung von Kommission und Ministerrat ist es, die Art und Weise des in der Verzahnung sichtbar werdenden Miteinanders der einzelnen Institutionen zu untersuchen, die wir mit dem Begriff der Willensverschränkung erfassen.

---

[1] Diese Bezeichnung hält *H. Wagner* für angemessen für eine Organisation mehrerer Staaten, die zwar einige Elemente von Staatlichkeit aufweist, sich aber gleichwohl von einem Staatswesen durch das Fehlen einer allumfassenden Regelungskompetenz unterscheidet.

[2] *H. Wagner* in: Grundbegriffe des Beschlußrechtes der Europäischen Gemeinschaften, S. 195.

[3] *H. Wagner* verwendet den Begriff der „Verschränkung“ oder „Verzahnung“ in seinem o. a. Buch auch, jedoch mit anderer Bedeutung als wir im Anschluß an *Werner von Simson* diesen Begriff verstehen wollen.

[4] In: Grundbegriffe des Beschlußrechts der Europäischen Gemeinschaften, S. 195.

Nicht die Unentwirrbarkeit der Beschlußfassung (H. Wagner), sondern gerade die unterschiedliche Interessenakzentuierung beider Organe bei gleichzeitiger Zusammenarbeit an einem gemeinsamen Problem ist ein wesentliches Element unseres Begriffes von Willensverschränkung, deren Bedeutung darin liegt — quod est demonstrandum —, daß in der verschränkenden Zusammenarbeit beider Organe einerseits die integrierende Kraft der Gemeinschaft, andererseits auch die Bewahrung einzelstaatlicher Souveränität zur Geltung kommen[5].

3. Notwendigkeit und Sinnhaftigkeit zweier Willensbildungsorgane

Wir müssen unsere Untersuchung über die Willensverschränkung zwischen Kommission und Ministerrat auch nach einer anderen Seite hin abgrenzen. Diese u. E. sinnvolle und notwendige Zuordnung der beiden Organe wird in ihrer eigentümlichen Bedeutung von den Skeptikern nicht erkannt, wenn diese schon darin ein Scheitern der Integrationsbemühungen sehen, daß nicht schon längst das Gemeinschaftsorgan (sc. die Kommission) dominierend geworden ist[6].

In Verkennung der Bedeutung von Willensverschränkung für die Integration vertreten sie das Konzept von einer supranationalen Organisation, mit der Vorstellung, daß nur die Existenz einer unmittelbaren originären Hoheitsgewalt der Gemeinschaften eine zügige Entwicklung der europäischen Integration gewährleistet. Sie scheinen dabei zu übersehen, welche Schwierigkeiten und Grenzen sich für die gemeinschaftliche Beschlußfassung und deren Durchsetzung in den nationalen Hoheitsgebieten durch unterschiedliche Strukturen auf den Gebieten der Staatsverfassung und durch verschiedenartige verkehrsmäßige, industrielle, und landwirtschaftliche Infrastrukturen[7] ergeben, Schwierigkeiten, die sich weiterhin gründen auf unterschiedliche Finanzverfassung, auf andersartige allgemeine Rechtsvorstellungen und auf die reiche Mannigfaltigkeit an geschichtlichem Herkommen und tradierten Werten, und die nicht zuletzt beruhen auf politischer Emotionalität, u. a. dem Machtbewußtsein der Regierenden und dem Nationalbewußtsein der Regierten[8]. Dies alles kann nicht durch einen europäischen Integrationsenthusiasmus und durch eine in seinem Gefolge voreilig beschlossene Gemeinschaftsgesetzgebung eliminiert werden. Vielmehr bedürfen diese Vielfältigkeiten und Traditionen eines vorsichtigen und

---

[5] Vgl. *Werner von Simson* in: Festschrift, S. 89.

[6] z. B. *Christoph Sasse* in: Die institutionelle Entwicklung der EG, KSE 22, S. 66; *Hans Peter Ipsen* in: Fusionsverfassung Europäische Gemeinschaften, S. 26.

[7] *Michael Tracy* in: Agriculture in Western Europe, S. 19.

[8] Vgl. *Rudolf Smend* in: Verfassung und Verfassungsrecht, S. 242.

schrittweisen Einbringens in das europäische Einigungskonzept, weil nur so die Gemeinschaftsbeschlüsse echte Durchsetzungskraft, überzeugende Sinnhaftigkeit, Wirklichkeitsnähe und sichtbare Vorteile für alle erhalten können. Das eben bedarf des Instrumentes der Willensverschränkung.

4. Wirkung der Willensverschränkung für die Integration

Unter gleichzeitiger Herausarbeitung der systematischen Gesichtspunkte der Willensverschränkung wollen wir im folgenden nachzuweisen versuchen, wie die verschränkende Zuordnung der beiden Willensbildungsorgane in der geschichtlichen Entwicklung die europäische Integration und damit die dem ursprünglichen Zusammenschluß zugrundeliegende Idee zu sichern in der Lage war und sich selbst noch in der Luxemburg-Krise bewährt hat, indem sie nämlich die Gemeinschaft vor dem Abgleiten in traditionelle, völkerrechtlich geregelte Zusammenarbeit und andererseits vor dem Auseinanderbrechen bewahrt hat.

In der konkurrierenden Zusammenarbeit beider Entscheidungsinstanzen konnte (bzw. kann) keines der vertraglich vorgesehenen Willensbildungsorgane die alleinige Entscheidungsmacht an sich ziehen, aber in dem Versuch, die eigene Willensbildungskompetenz zu wahren, sahen (bzw. sehen) sich beide zu immer neuer Anstrengung herausgefordert, die manchem Anschein zuwider am Ende dennoch gemeinschaftsfördernd war und sein wird. Wir wollen dazu untersuchen: (II.) die vertraglich vorgesehene Willensverschränkung in Artt. 149 - 152 EWGV und dazu (1.) geschichtliche und vertragliche Voraussetzungen und (2.) Willensverschränkung zwischen Rat und Kommission im EWG-Vertrag. Ferner: (III.) die geschichtliche Entwicklung der Willensverschränkung in der Luxemburg-Krise und (IV.) die außervertraglich entwickelte Willensverschränkung und dazu (1.) quasi-gewohnheitsrechtliche Willensverschränkung (AStV) und (2.) delegierte und bedingte Willensverschränkung im Verwaltungsausschuß und im Regelungsausschuß.

II. Die vertraglich vorgesehene Willensverschränkung

1. Vertragliche Voraussetzungen

Der Kommission obliegt die administrative Leitung der EG. Sie bestand ursprünglich aus neun Kommissaren und hat seit der Erweiterung der Gemeinschaft im Jahre 1972 dreizehn Mitglieder. Sie werden von der Regierungsvertreter-Konferenz auf Vorschlag der Mitgliedstaaten „im Einvernehmen“ berufen (Art. 11 FusV). An der Spitze steht ein

Präsident, der aus den Reihen der Kommissionsmitglieder ebenfalls durch die Regierungsvertreter-Konferenz ernannt wird (Art. 14 FusV). Berufen werden in der Regel Fachleute, jedoch ist eine politische Komponente bei der Auswahl nicht auszuschließen.

In der Montanunion hatte die Kommission (dort „Hohe Behörde" genannt) im Rahmen der Verträge Beschlußfassungskompetenz (Art. 8 EGKSV), bei der Weiterentwicklung zur EWG und EAG wurde daraus das Vorschlagsmonopol (Artt. 149 Abs. I EWGV, 119 EAGV).

Demgegenüber liegt die eigentliche politische Leitung und die Gesetzesverabschiedung in der Kompetenz des Ministerrates (Artt. 145 EWGV, 115 EAGV), dessen Mitglieder die jeweiligen Ressortminister der Mitgliedstaaten sind und also je nach dem in Frage stehenden Problemkreis wechseln. Die organisatorische Leitung hat der Ratspräsident. Die Präsidentschaft steht in alphabetischer Reihenfolge turnusmäßig für sechs Monate je einem der Mitgliedstaaten zu, und der zuständige Ressortminister führt diese Aufgabe in der sein Ressort betreffenden Ratssitzung aus (Art. 2 FusV).

In der Montanunion hatte der sogenannte Besondere Ministerrat nur beratende Funktion (Art. 28 EGKSV), in den Römischen Verträgen wird daraus die Verabschiedungskompetenz (Artt. 145 EWGV, 115 EAGV).

Wir können die Kommission als Institution zur Wahrung, Zielsetzung und Weiterentwicklung, also als Exponenten des allgemeinen Willens der Gemeinschaft verstehen, wie er sich in den Verträgen, in den Beschlüssen, jedoch auch im praktischen Handeln der Gemeinschaft ausspricht. Daneben hat sie den allgemeinen Willen der Mitgliedstaaten in dem Sinne zu beachten, als sie streng an die der Gemeinschaft durch die Verträge zugeteilten Regelungsbereiche gebunden ist (sog. compétence d'attribution)[9].

Der Ministerrat hat einen komplexen Willen. In ihm repräsentiert sich der Fundamentalwille der Mitgliedstaaten zur Gemeinschaft (Präambel), der bei der Gründung wie auch in der Folgezeit gerade durch seine Abstraktheit es vermochte, bei unterschiedlichen und wechselnden Interessen der Mitgliedstaaten diese auf Dauer mit der europäischen Integrationsidee zu verbinden. Dazu vertritt der Ministerrat den allgemeinen Willen je der Mitgliedstaaten, wie er sich sowohl in dem allgemeinen Willen des Einzelstaates zur Wahrung seiner Souveränität

[9] Dieses Prinzip der begrenzten Zuständigkeit wird scheinbar durchbrochen durch Artt. 235, 236 EWGV. Der Rat hat von der Ermächtigung des Art. 235 EWGV in ca. 20 Beschlüssen Gebrauch gemacht (vgl. *H. P. Ipsen* in: Europäisches Gemeinschaftsrecht, S. 104). Für die Verschränkung von Kommission und Ministerrat bieten sie keine besondere Problematik, sie werden jedoch im Zusammenhang mit der Verschränkung des EP mit beiden Institutionen wichtig und dort näher behandelt.

wie auch zum Wohlstand seiner Bürger, Sicherheit, Rechtsfrieden und Kultur ausspricht. Endlich verbindet sich damit auch je ein aktueller Wille, in dem die einzelnen Mitgliedstaaten ihre jeweiligen aktuellen Interessen und Probleme im Rahmen der Gemeinschaft und unter Beachtung ihres allgemeinen Willens zu lösen versuchen.

Fassen wir die Zusammenarbeit von Kommission und Ministerrat als Willensverschränkung auf, dann verschränkt sich durch die Arbeit der Kommission der allgemeine Wille der Gemeinschaft mit dem komplexen Willen des Ministerrates zum konkreten allgemeinen Willen der Gemeinschaft, wie er sich in den Rechtssatzungen der Gemeinschaft ausspricht.

Die institutionale Diskussion setzt bereits mit der Gründung der Montanunion (EGKS) ein, indem schon 1951 die Beneluxstaaten der Konzeption einer supranationalen Behörde als einzigem Entscheidungsträger Widerstand entgegengesetzt und die Institutionalisierung eines „Besonderen Ministerrates" durchgesetzt hatten (Art. 7 Abs. III EGKSV), der die nationalen Interessen zu vertreten hatte. Sein Einfluß war indes im Anfangsstadium der Gemeinschaft rechtlich wenig ausgebaut, denn er hatte im Bereich der EGKS nur beratende Funktion (Art. 28 EGKSV). Die politische Wirklichkeit zeigt, daß die Kommission — bzw. die Hohe Behörde — relativ handlungsunfähig war, wenn sie ohne Zusammenarbeit mit dem Ministerrat entschied[10]. Sie nutzte daher die im EGKSV vorgesehene Möglichkeit der Konsultation (Art. 28) immer häufiger, um sich die Zustimmung des Rates zu verschaffen und dadurch die Durchführung ihrer Beschlüsse in den Mitgliedstaaten zu sichern. Dieser gewann entgegen der rechtlichen Regelung zunehmende Bedeutung. Die sich hieraus und in den folgenden Jahren als dauernd notwendig erweisende Zusammenarbeit zwischen Kommission und Ministerrat wurde dann im EWGV institutionalisiert. Die Willensverschränkung der beiden Organe, wie sie heute durch die Römischen Verträge gültig ist, macht die tatsächlichen Verhältnisse zum Vertragsrecht und eine Integrationswirklichkeit zum geschriebenen Gesetz.

Ein gewisser Vorrang in der Arbeit für die Gemeinschaft sollte bei der Kommission verbleiben; ihre Funktion als treibende Kraft, als „Motor" der Gemeinschaft sollte dadurch gesichert werden, daß ihr das Initiativrecht für die europäische Gesetzgebung zugesprochen wurde. Der Rat bekam die politische Entscheidung durch die Verabschiedungskompetenz. Daß sich erst langsam die jetzt gültige Willensverschrän-

---

[10] Am eindrücklichsten zeigte sich dies während der Kohlekrise in den Jahren 1957/58. Ein Krisenmanagement, das in diesen Jahren notwendig gewesen wäre, konnte die Hohe Behörde allein nicht bewältigen. Ohne Zustimmung der Mitgliedstaaten konnte die Hohe Behörde nicht exekutiv werden, weil ihr die Durchführungsorgane fehlten; ihre Beschlüsse hätten so nur deklaratorischen Charakter gehabt.

kung herausbildete, liegt darin begründet, daß die Kommission neben der administrativen Funktion gewisse politische Aufgaben in den ersten Jahren nach der Gründung der Gemeinschaft noch erfüllen konnte. Einerseits konnte sie sich dabei auf einen starken Einigungswillen der Mitgliedstaaten stützen, andererseits waren Ziele und Handlungsspielraum in den Verträgen selbst relativ genau festgelegt; durch die Unterzeichnung der Verträge hatten sich die Mitgliedstaaten zu einer Mitarbeit bei der Durchführung der wichtigen konkret genannten Aufgaben verpflichtet, für deren Verwirklichung die Kommission die Initiative ergriff, z. B. beim Abbau der Zölle in einer genau festgelegten Frist[11]. In dieser Zeit verschränkt sich der allgemeine konkrete Wille der Kommission mit dem Willen der Verträge (als allgemeinem konkreten Willen der Mitgliedstaaten). Je mehr aber die Gesetzgebungsarbeit nicht mehr oder nur umrißhaft von den Verträgen abgedeckt war, um so deutlicher trat die oben geschilderte Entwicklung in Erscheinung. Überblicken wir resümierend das Verhältnis von Kommission und Ministerrat in den ersten Jahren der Gemeinschaft, so zeigt sich, daß im Institutionenrecht der Montanunion von einer Willensverschränkung als rechtstechnischem Mittel der Zusammenarbeit nicht gesprochen werden kann, weil die Konsultationsbefugnis nicht als verschränkender Wille im rechtlichen Sinne bezeichnet werden sollte. Wenn dennoch in den ersten Jahren der Integration eine dynamische Entwicklung festzustellen ist, so nicht darum, weil die Integrationsabsicht und die Willensverschränkung sich nicht proportional verhielten, sondern darum, weil Willensverschränkung außerhalb des Institutionenrechtes zwischen Kommission und dem Vertragsrecht selbst bestand und weil damit sich der allgemeine konkrete Wille der Gemeinschaft (vertreten durch die Kommission) verschränkte mit dem allgemeinen Willen der Mitgliedstaaten, wie er in den Verträgen festgelegt war. Die dann im Institutionenrecht der Römischen Verträge (Artt. 149 ff. EWGV, 107 ff. EAGV) festgelegte Willensverschränkung von Kommission und Ministerrat war nicht eine spontane Erfindung der vertragschließenden Partner, sondern gab die Situation wieder, die sich auf Grund tatsächlicher Machtverhältnisse und politischer Einsichten längst herausgebildet hatte.

2. Institutionelle Willensverschränkung zwischen Kommission und Ministerrat

a) Die Zuordnung von Kommission und Ministerrat im Entscheidungsprozeß

Betrachten wir den Entscheidungsprozeß genauer, dann fällt eine eigenartige Verzahnung beider Willensbildungsorgane auf. H. Wagner

[11] Vgl. *Poullet / Deprez* in: Struktur und Macht der EG-Kommission, S. 85.

sieht darin eine Eigenart der Beschlußfassung in staatenintegrierenden Verbänden[12]. Mit einer solchen Subsumierung der Verschränkung von Kommission und Ministerrat unter eine allgemeine völkerrechtliche Praxis wird der Sonderweg der EG nicht beachtet. H. Wagner beurteilt auch zu Unrecht die Verlagerung der eigentlichen Beschlußfassungskompetenz auf den Ministerrat als Föderativorgan als unerheblich für die supranationale Natur der Gemeinschaft und für die Qualität ihrer Beschlüsse. Die Verzahnung ist bei genauerer Betrachtung so geregelt, daß im Entscheidungsverfahren die Kommission das alleinige Vorschlagsrecht für neue Gesetze und der Rat die alleinige Verabschiedungskompetenz hat. Die Kommission ist also an der rechtlichen Substanz konstitutiv und primär beteiligt, dadurch daß sie das Initiativmonopol und die Kompetenz zur Ausarbeitung von Gesetzesvorlagen hat. Sie bestimmt auch prinzipiell die Rechtsgrundlage ihrer Gesetzesentwürfe. Der Rat kann dementsprechend seine Beschlüsse nur im Rahmen der ihm zugeleiteten Entwürfe fassen, er ist inhaltlich daran gebunden. Eine Änderung ist ihm nur durch einstimmigen Beschluß möglich (Artt. 149 Abs. I EWGV, 119 Abs. I EAGV), und selbst dann ist sie begrenzt auf Modifikationen „ratione materiae".

Der rechtlich weitgespannten Kompetenz der Kommission steht das einzige, aber entscheidende Verabschiedungsrecht des Rates gegenüber, wodurch alle Kommissionsinitiativen erst ihre Rechtswirksamkeit erhalten. Die notwendige Bedingung für ein neues Gesetz ist die Gesetzesinitiative durch die Kommission, ihr steht als hinreichende Bedingung dafür die Verabschiedung durch den Rat zur Seite.

Diese spezifische Abhängigkeit zweier Willensbildungsorgane wollen wir unter dem Begriff „qualifizierende Willensverschränkung" fassen, denn aus möglichem Recht wird durch die Verabschiedungskompetenz des Ministerrates wirkliches Recht, aus einem Vorschlag wird ein Beschluß. Durch die verschränkende Mitarbeit des Ministerrates am Gesetzgebungsverfahren findet eine qualifizierende Erhöhung der Seinsstufe bei den jeweiligen Rechtsvorschriften statt.

b) Die Willensverschränkung von Kommission und Ministerrat bis zur Luxemburg-Krise

Trotz der juristischen Institutionalisierung eines faktischen Zustandes bei der Willensverschränkung zwischen Kommission und Ministerrat in den Verträgen von 1958 bleibt das Verhältnis spannungsvoll genug. Zunächst erscheint eine Aufteilung der Kompetenzen zwischen Kommission und Rat sinnvoll, so wie sie die Römischen Verträge vorgenommen

---

[12] *H. Wagner* in: Grundbegriffe des Beschlußrechtes der Europäischen Gemeinschaften, S. 195.

haben. Nur die Kommission als ständig in Brüssel arbeitende Behörde war in der Lage, kontinuierlich an den erforderlichen Gesetzesvorlagen zu arbeiten, eine Aufgabe, für die ihr ein vollständiger Verwaltungsapparat und ein Stab von Fachleuten zur Verfügung stand. Verabschiedet werden konnten diese Gesetze jedoch nur durch die quasi-parlamentarisch legitimierte Institution, den Ministerrat, der einerseits den Fundamentalwillen der Gemeinschaft und andererseits die föderativen Interessen (den allgemeinen nationalstaatlichen Willen) wahrnahm. Die Ausarbeitung von Gesetzesvorlagen wäre dem Rat kaum möglich, die Verabschiedung der Gesetze durch die Kommission wäre für das demokratische und auch für das nationalstaatliche Bewußtsein kaum erträglich gewesen.

In der dynamisch sich entwickelnden Gemeinschaft wurde der Ministerrat aber durch die Kommission mit einer kaum zu bewältigenden Fülle an Gesetzesvorlagen ständig in die Defensive gedrängt, dergestalt daß eine gründliche Prüfung kaum noch möglich war, eine Verweigerung der Zustimmung aber politisch kaum opportum sein konnte. So wurde im Laufe der Entwicklung eine Schwäche des Rates offenbar, die darin bestand, daß er sich an der inhaltlichen Ausgestaltung der Beschlüsse kaum beteiligen und so den allgemeinen Willen der Mitgliedstaaten nur mühsam zur Geltung bringen konnte, während er den Fundamentalwillen zur Gemeinschaft immer in der Gesetzesverabschiedung praktizieren mußte. Darin lag zugleich eine Schwächung der föderativen Interessen, und sie mußte folgerichtig zur Luxemburg-Krise führen.

c) Die Dominanz der Kommission als Gemeinschaftsorgan

Die Dominanz der Kommission war vom Prinzip der Willensverschränkung her betrachtet bedenklich genug, weil das mit der Verschränkung verbundene und konzipierte institutionelle Gleichgewicht beider Organe sich einseitig zugunsten der Kommission entwickelte. Der allgemeine Wille der Kommission setzte sich in praxi gegenüber dem komplexen Willen des Rates immer durch. Der Ministerrat hat kurz vor der Luxemburg-Krise (1966) durch die Einsetzung des Ausschusses der Ständigen Vertreter (AStV) als Institution der Europäischen Gemeinschaften (vgl. Art. 4 FusV) dem Problem Rechnung zu tragen versucht, nachdem dieser Ausschuß bereits durch Art. 16 der vorläufigen Geschäftsordnung des Rates im Jahre 1958 eingerichtet worden war.

Wir werden im zweiten Kapitel, Abs. IV zu zeigen versuchen, daß die beschriebene Gefährdung der Gemeinschaftsarbeit auch durch die größere Beteiligung des AStV am Entscheidungsprozeß nur unvollkommen beseitigt werden konnte und daß weitere Maßnahmen sich als notwendig erwiesen, damit im Bereich des Institutionenrechtes den faktischen Machtverhältnissen und den politischen Bedürfnissen Rechnung getragen wurde. Um so schwerer mußte die zeitlich immer näher rückende Anwendung des Art. 148, Abs. I EWGV die politisch Verantwortlichen belasten, der besagt, daß der Rat grundsätzlich durch Mehrheitsbeschluß entscheidet. Die Anwendung dieser Norm war durch Sondervorschriften für viele Bereiche des Gemeinsamen Marktes bis zum Ende der 2. Integrationsstufe (Ende 1965) ausgesetzt und sollte in Kürze zu voller Geltung kommen.

d) Die Bedeutung des Einstimmigkeitsprinzips für die Willensverschränkung

Damit stellt sich uns die Frage nach der Bedeutung des Einstimmigkeitsprinzips bei den Abstimmungen im Ministerrat für die Willensverschränkung als rechtstechnisches Mittel, wie es vor der Luxemburg-Krise geübt wurde und nach der Luxemburg-Krise erneut in Kraft trat. Wie immer man die Luxemburg-Krise politisch und bezüglich ihrer Ursachen beurteilen mag, die Kompromißformel der Luxemburg-Abkommen macht deutlich, daß diese Fragestellung erheblich für die Beurteilung der Krise und für die Zusammenarbeit von Kommission und Ministerrat überhaupt ist. Einstimmigkeit als Prinzip oder Verabredung zur Wahrnehmung der Verabschiedungskompetenz im Ministerrat bedeutet für die Willensverschränkung, daß die Kommission bei allen Gesetzesvorlagen größte Rücksicht auf die tradierte Souveränität der Einzelstaaten zu nehmen hat, möglichst viele Interessen und Bedürfnisse in ihre Gesetzesvorlagen aufnehmen muß und bei ihren Entscheidungen nur eine äußerst begrenzte Zahl von Wahlmöglichkeiten hat, die eine Chance der Verwirklichung in sich tragen. Die verbleibende Freiheit und Verantwortung und die Notwendigkeit großer Rücksichtnahme auf die Absichten und Ziele der Mitgliedstaaten bringt eine weitgehend „gehemmte" Möglichkeit der Willensbildung mit sich. Damit war die für die Situation der EG fast idealtypische Form der Willensverschränkung erreicht, die sich dann in der Luxemburg-Krise bewährt und in der Folgezeit durchgesetzt hat. Die Bedeutung des Mehrheitsprinzips bei der Beschlußfassung des Ministerrates wird bei der Behandlung der Luxemburg-Krise erörtert werden. Hier sei festgehalten, daß die geschichtliche Entwicklung gezeigt hat, daß die mit dem Einstimmigkeitsprinzip gegebene idealtypische Form der Willensverschränkung die Integrationsentwicklung nicht entscheidend gehemmt hat, daß sie auch in der Lage war, das je Erreichte zu bewahren und trotz ständiger Veränderung der politischen Notwendigkeiten den Integrationsvorsatz gestärkt hat[13].

[13] Vgl. *Werner von Simson* in: Festschrift, S. 94.

III. Die geschichtliche Entwicklung der Willensverschränkung (Luxemburg-Abkommen)

1. Die Ursachen der Luxemburg-Krise

Die Luxemburg-Krise (1965/66) bewirkte eine neue Gewichtsverlagerung für die verschränkten Willensinstanzen zugunsten des sich in der Krise als stärker zeigenden Ministerrates, der den Einfluß der weithin dominierend gewordenen Kommission (vgl. oben 2. Kap. II 2 c, d) mit den Mitteln politischer Macht in seine Schranken verwies. Für die systematische Betrachtung zeigte sich dabei, daß die Zusammenarbeit der auf verschiedenen Ebenen arbeitenden und unterschiedlich ausgestatteten Spitzeninstitutionen sich zu einer neuen Gleichgewichtigkeit einpendelte.

Die Luxemburg-Krise hatte sich konkret an einer Gesetzesvorlage der Kommission entzündet, die die Einführung der gemeinsamen Agrarmarktfinanzierung bereits für Juli 1967 vorsah. Frankreich konnte dieser Vorlage — vordergründig aus wirtschaftlichen Interessen — nicht zustimmen und praktizierte daher die sogenannte „Politik des leeren Stuhles", nachdem der französische Außenminister die Ratssitzung, in der über die Vorlage verhandelt wurde, am 1. Juli 1965 abgebrochen hatte. Zum Verständnis der Hintergründe muß gesagt werden, daß die zweite Stufe der Übergangszeit ein halbes Jahr später am 31. Dezember 1965 ablaufen sollte. Das Ende der zweiten Etappe bedeutete auf dem Landwirtschaftssektor sowie in einigen anderen Bereichen die Möglichkeit, Ratsbeschlüsse mit qualifizierter Mehrheit herbeizuführen und also für den einzelnen Mitgliedstaat die Möglichkeit, überstimmt zu werden. Davon wäre Frankreich in der damaligen Situation mit Wahrscheinlichkeit betroffen worden. Die Möglichkeit zu Mehrheitsbeschlüssen hätte außerdem insgesamt die Stellung der Kommission weiter gestärkt. Mit seiner Haltung erzwang Frankreich faktisch (wir wollen dahingestellt sein lassen, ob in bewußter Klarheit) eine erneute Besinnung auf die Notwendigkeit einer gleichgewichtigen Willensverschränkung und also (in den die Krise beendenden Luxemburg-Abkommen) eine Einigung darauf, daß in Fragen, die grundsätzliche Interessen eines Mitgliedstaates beträfen, weiter einstimmig zu entscheiden sei, eine Praxis, die in der Folgezeit in fast allen Ratsbeschlüssen angewendet wurde.

2. Das Prinzip des Mehrheitsbeschlusses und die Willensverschränkung

Wenn in der Luxemburg-Krise das Prinzip des Mehrheitsbeschlusses abgewendet wurde, ist damit eine Entwicklung verhindert worden, die für die Willensverschränkung als rechtstechnisches Mittel von erheblicher Bedeutung geworden wäre. Es mag resümierend festgestellt werden, was das Prinzip des Mehrheitsbeschlusses für die Zusammenarbeit von Kommission und Ministerrat bedeutet hätte, wenn es sich hätte durchsetzen können, um so fiktiv zu zeigen, was das Prinzip des Einstimmigkeitsbeschlusses für die Willensverschränkung und für die Integration bedeutet. (a) Bei Mehrheitsbeschlüssen im Ministerrat können die Interessen und politischen Notwendigkeiten einzelner Mitgliedstaaten durch Majorisierung übergangen werden. (b) Insbesondere eine „politische“ Kommission (und die Hallstein-Kommission war bis 1965 eine solche) kann geschickt mit wechselnden Mehrheiten arbeiten und dadurch ihre Vorstellungen umfassend durchsetzen[14] — mit der Folge einer Minderung nationalstaatlicher Interessen und einzelstaatlicher Souveränität. (c) Mehrheitsbeschlüsse im Ministerrat verlangen von dem überstimmten Staat einen starken Gemeinschaftssinn und setzen große Vertragstreue voraus, damit dieser, obgleich seine eigenen Interessen gemindert werden, dennoch das Beschlossene als neues Recht durchführt. (d) Das Mehrheitsprinzip ist nur bei Erreichung eines größeren Integrationsgrades möglich, weil die angeglichenen Bedürfnisse dann keine so grundsätzlich divergierende Sachproblematik mehr aufkommen lassen, die durch einseitige Entscheidung zu schweren Krisen führen müßten. (e) In der Literatur wird aus den oben genannten Gründen das Mehrheitsprinzip als Ausdruck dafür gewertet, daß die Supranationalität der Gemeinschaft sich durchgesetzt hat. Demgegenüber ist zu bedenken, daß bei Mehrheitsbeschlüssen der Verzicht auf Hoheitsrechte durch Majorisierung erzwungen wird. Dem theoretisch integrationsfreundlichen Mehrheitsprinzip steht als Konsequenz die faktische Willensausschließung gegenüber, mit der Folge von möglichem inneren Zerfall und Integrationsmüdigkeit. Und umgekehrt: Dem theoretisch integrationshindernden Einstimmigkeitsprinzip steht die faktische Willensintegration gegenüber, die auf die Dauer geeignet ist, das Erreichte zu bewahren und eine stetige, wenn auch vielleicht schleppende Integrationsanstrengung wachzuhalten. Bei der Befürwortung des Mehrheitsprinzips wird übersehen, daß durch Willensverschränkung gerade bei Einstimmigkeitsbeschlüssen die Einzelstaaten ihre Hoheitsrechte gemeinsam wahrnehmen und zur Supranationalität transzendieren. (f) Das Erörterte bedeutet für die Willensverschränkung, daß die Willensverschränkung und das Einstimmigkeitsprinzip sich bis zu einem bestimmten Integrationsstand gegenseitig bedingen und daß beim Mehrheitsbeschluß von Willensverschränkung nur gesprochen werden kann, wenn der Ministerrat als Gemeinschaftsinstitution mit einem Willen (ganz gleichgültig, durch welche Abstimmungsmethoden er zustandekommt) aufgefaßt werden darf, und daß seine komplexe Willensmoda-

---

[14] Vgl. *Poullet / Deprez* in: Struktur und Macht der EG-Kommission, S. 95.

lität übersehen wird. Diese verweist ja gerade darauf, daß der Ministerrat neben dem Fundamentalwillen der Gemeinschaft auch den allgemeinen Willen der Mitgliedstaaten zu vertreten hat. Bei Berücksichtigung dieses Faktors findet bei Mehrheitsbeschlüssen eine Teil-Verschränkung statt in dem Sinne, daß sich nur die Interessen eines Teiles der Mitgliedstaaten mit dem Willen der Kommission verbinden. (g) Wenn wir uns darauf besinnen, daß Willensverschränkung als rechtstechnisches Mittel die Aufgabe hat, die Institutionen so zur Zusammenarbeit zu veranlassen, daß ein Höchstmaß an Toleranz, an Informationen über andere Willensabsichten, an Berücksichtigung verschiedener Interessen erreicht wird, um so staatliches und überstaatliches Zusammenleben durch freie Zustimmung zu gewährleisten, dann erscheint es zweifelhaft, ob eine solche Teilverschränkung noch als Willensverschränkung aufgefaßt werden kann, dann scheint sie vielmehr systemfremd zu sein.

Resümierend können wir feststellen, daß die Luxemburg-Krise das Prinzip der Willensverschränkung durch die Luxemburg-Abkommen voll zur Geltung bringt und als integrierendes Element und als rechtstechnisches Mittel für das Institutionenrecht der Gemeinschaft neu stabilisiert. Der Fundamentalwille der Verträge zur Vergemeinschaftung wird durch die Ausschließung des Mehrheitsprinzips nicht eingeschränkt, sondern durch die Praxis der Willensverschränkung im Einstimmigkeitsprinzip gefördert.

3. Willensverschränkung und Vetorecht

Die Verfestigung des Einstimmigkeitsverfahrens durch die „Luxemburg-Abkommen"[15] wird in der Literatur oftmals als Vetorecht gerügt, das mit dem verfassungsrechtlichen Geist der Verträge nicht zu vereinbaren sei. Ipsen sieht etwa in dem Verfahren, das zum Vetorecht führt, nämlich in der Selbstqualifikation des betroffenen Mitgliedstaates, daß es sich bei der fraglichen Entscheidung um ein wichtiges nationales Interesse handelt, für das Einstimmigkeit zu fordern sei, eine „klassische Manipulation nationalstaatlicher Souveränitätsansprüchlichkeit" und im Vetorecht selbst die „Verleugnung eines wichtigen Verfassungsprinzips der Vergemeinschaftung, des Prinzips der Supranationalität"[16].

Konnten wir oben (unter II.) zeigen, daß das genannte Verfassungsprinzip keineswegs durch das Einstimmigkeitsprinzip gefährdet ist, sondern daß die Supranationalität durch den verschränkenden Willen rea-

---

[15] Über die verschiedenen Versuche, es aufzuheben und über die französischen Einsprüche vgl. *Hans Peter Ipsen* in: Europäisches Gemeinschaftsrecht, S. 498.

[16] Ebd., S. 498.

lisiert wird und daher gerade eine Bestätigung durch die Luxemburg-Abkommen erfährt, so ist nunmehr zu prüfen, ob die Prämisse zutrifft, ob also tatsächlich ein Vetorecht vorliegt.

Der Text der Luxemburg-Abkommen spricht an keiner Stelle von einem Recht, ein Gesetz verbieten zu können, sondern von der Selbstverpflichtung der Ratsmitglieder, wichtige Interessen „eines oder mehrerer Partner" zu schonen und in neuen Verhandlungen so zu berücksichtigen, daß sowohl die gegenseitigen Interessen wie die der Gemeinschaft gewahrt werden (Art. I Teil I der Luxemburg-Abkommen). Statt ein Vetorecht einzuräumen, wird hier das Prinzip der Willensverschränkung angesprochen, das ja gerade in der Begrenzung der Willensmöglichkeiten auf einen gemeinsamen Handlungsspielraum seine wichtigste Funktion hat. Die in Art. II geforderte „Fortsetzung der Verhandlungen bis zum einstimmigen Einvernehmen" zeigt die bindende Kraft des Fundamentalwillens zur Gemeinschaft (wie er sich auch in Art. IV Teil I ausdrückt) im Gegensatz zum Vetorecht, durch dessen Ausübung das gemeinsame Problem nicht gelöst, sondern in der Regel ungelöst beiseitegeschoben wird. Man kann zugespitzt formulieren, daß der Fundamentalwille als Bestandteil des komplexen Willens des Ministerrates es verbietet, aus dem Einstimmigkeitsprinzip ein Vetorecht zu machen, wie es viele Kommentatoren versuchen. Stattdessen sehen die Luxemburg-Abkommen eine Willensverschränkung der Mitgliedstaaten untereinander und zum allgemeinen Gemeinschaftswillen vor und verlangen jene tolerierende Rücksichtnahme auf die Bedürfnisse anderer Partner, die zum innersten Kern der Möglichkeit von Supranationalität in der Ausprägung der EG gehört.

4. Willensverschränkung und das „package-deal"-Verfahren

Die Faszination, die im Zusammenhang mit dem angeblichen Vetorecht von Art. III der Vereinbarungen ausgeht, indem die Vertragschließenden sich ratlos erklären, wenn das Verständigungsbemühen scheitert, hätte auf Grund der Entwicklung der Ratsbeschlüsse eigentlich verblaßt sein müssen. Denn das „package-deal"-Verfahren stellt eine hervorragende Antwort dar auf eine Frage, die die Luxemburg-Abkommen offen gelassen haben. Statt einer Übereinstimmung der Interessen hilft im kritischen Fall ein Ausgleich der Interessen. Nach der Luxemburg-Krise wurde erneut und verstärkt zur Regel, daß der Rat solange verhandelt, bis ein „einstimmiges Einvernehmen" (Art. II der Luxemburg-Abkommen) erzielt ist. Dieses Ziel kann um so leichter erreicht werden (und also Art. II ohne Bedeutung bleiben), als in der Regel nicht mehr über einzelne Gesetzesvorschläge, sondern über „Gesetzespakete" beraten wird. Jeder Mitgliedstaat kann dabei seine eigenen Präferenzen setzen und um so verständigungsbereiter bei für ihn weniger wichtigen Teilen der Vorlage sein, als eine Erfüllung seiner Hauptinteressen damit verbunden und gesichert ist.

Das Prinzip der Willensverschränkung bei den Beschlüssen im Rat der Europäischen Gemeinschaft zeigt sich im „package-deal"-Verfahren noch von einer anderen Seite als beim Prinzip des reinen Einstimmigkeitsbeschlusses (ohne daß damit das dazu oben Erörterte aufgehoben wird). Während beim einfachen Einstimmigkeitsbeschluß formal das Maximum an Gemeinschaftlichkeit angestrebt und ein Minimum des notwendigen Integrationsfortschrittes erreicht wird, weil inhaltlich quasi der größte gemeinsame Nenner gesucht werden muß, wird durch das „package-deal"-Verfahren die obere Grenze jeweils möglichen Gemeinschaftshandelns angestrebt, weil das Maximum an gegenseitig Zumutbarem zu finden ist. Willensverschränkung dieser Art wird davon bestimmt, daß ein Maximum an gegenseitig Tolerierbarem in die Verschränkung einbezogen wird.

Selbstbeschränkung vereinigt sich dann mit Selbstbehauptung und bestimmt das Maximum des verschränkenden Willens. Das Ausmaß an Freiheit in der Selbstbehauptung nationalstaatlicher Interessen wird bestimmt von der Selbstbeschränkung in der Verantwortung für das Ganze der Gemeinschaft und den Integrationsfortschritt. Der Fundamentalwille zur Gemeinschaft und der allgemeine nationalstaatliche Wille haben in dieser Verhandlungspraxis eine Verschränkung erfahren, die der Struktur der EG als supranationaler Organisation bei der Aufrechterhaltung nationalstaatlicher Souveränität unmittelbar entspricht, und sie rechtfertigt insofern die qualifizierende Willensverschränkung von Kommission und Ministerrat, als die Kommission nunmehr gezwungen ist, alle Gesetzesvorlagen dem inneren Prinzip dieser Gemeinschaftsstrukturierung entsprechen zu lassen, welches Prinzip wir als Willensverschränkung zu erfassen versucht haben.

IV. Die außervertragliche Willensverschränkung

Außervertraglich (d. h. durch Organisationsgewalt des Rates, durch gewohnheitsrechtliche oder durch formelle oder informelle Konsultation) entwickelt sich bei den EG-Institutionen die Willensverschränkung in zwei Bereichen:

1. Beim Gesetzgebungsverfahren durch Kommission und Ministerrat mittels der Einsetzung des Ausschusses der Ständigen Vertreter (AStV) nach Art. 16 der vorläufigen Geschäftsordnung des Rates auf Grund von Art. 151 Abs. II EWGV und Art. 121 Abs. II EAGV (aufgehoben und ersetzt durch Art. 4 FusV).

2. Bei der Delegation von Rechtssetzungsbefugnissen durch den Rat an die Kommission durch Einsetzung des Regelungs- und des Verwaltungsausschußverfahrens (Ratsverordnung Nr. 19 vom 4. April 1962), dergestalt daß dieser die Rechtssetzungen der Kommission von der neuen Einrichtung kontrollieren läßt.

1. Der Ausschuß der Ständigen Vertreter

Zur „Vorbereitung der Ratssitzungen und zur Ausführung von dessen Aufträgen" hat Art. 4 FusV von 1965 Bestimmungen über den Ausschuß der Ständigen Vertreter in die Verträge aufgenommen und diesen institutionalisiert. Dieser war bereits kurz nach Inkrafttreten der Verträge auf Grund von Art. 151 Abs. II EWGV und Art. 121 Abs. II EAGV durch Art. 16 der vorläufigen Geschäftsordnung des Rates am 25. Januar 1958 ins Leben gerufen worden. Seine schon praktizierte Arbeit und seine gewohnheitsrechtlichen Funktionen wurden durch diesen Rechtsakt konstitutionalisiert. Bei dem (ursprünglich außervertraglichen) Ausschuß der Ständigen Vertreter handelt es sich um ein Organ der Willensbildung, das im Vorfeld der Entscheidung tätig wird, diese vorbereitet und ermöglicht. Gerade der außervertragliche Beginn seiner Arbeit zeigt, daß ein dringendes Bedürfnis vorlag, durch ihn die Arbeit der Spitzengremien möglich, effektiv und sinnvoll zu machen und die vertraglich vorgesehene Struktur zusammen mit der ebenfalls vertraglich gewollten Ausgewogenheit zu gewährleisten. Wir haben oben zu zeigen versucht, daß die Zusammenarbeit von Kommission und Ministerrat als Willensverschränkung zu kennzeichnen ist. Indem wir diese Überlegungen für die Beurteilung des AStV heranziehen, scheint dieses Organ der Willensbildung die Aufgabe übernommen zu haben, die für den Verschränkungsprozeß notwendigen Vorbereitungen zu treffen. Dazu erinnern wir an das oben im ersten Kapitel unter II. Gesagte. Geht es nämlich bei der Willensverschränkung darum,

daß möglichst viele Interessen und Bedürfnisse, „Gedanken und Ansichten der Vielen" in den Entscheidungsprozeß eingebracht werden,

daß die einzelnen Willensmöglichkeiten voneinander abhängig gemacht, vorformuliert und auf bestimmte Alternativen reduziert werden,

daß uneingeschränkte Willensbildung so begrenzt wird, daß es für die verschiedenen Willenssubjekte möglich bleibt, Freiheit und Verantwortung zu übernehmen,

daß unbeschränkte Willensentfaltung durch das legitime Interesse anderer, wenn auch integrierter Willenssubjekte gehemmt wird, dann bedarf es

der Aufnahme eines Höchstmaßes an Informationen über andere Willensabsichten,

der Berücksichtigung möglicher vieler, selbst organisationsunfähiger Interessen und Bedürfnisse,

der Kenntnis von Vorgängen, Meinungsbildungen, Willensentfaltungen, die nicht eindeutig formuliert vorliegen.

Diese Aufgabe soll der Ausschuß der Ständigen Vertreter (nach dem Willen des Ministerrates) erfüllen, er vermag sie nach Beschaffenheit und Ausstattung zu übernehmen und er hat sie in der Wirklichkeit des Gemeinschaftslebens geleistet, wie unten zu zeigen sein wird. Es steht daher zur Frage, ob der Ausschuß der Ständigen Vertreter für die vertraglich vorgesehene Willensverschränkung zwischen Kommission und Ministerrat die durch seine Ausstattung gegebenen Möglichkeiten hat einbringen können.

a) Gründe für die Einsetzung des AStV

Anlaß zur Einsetzung des Ausschusses war offenbar der Versuch, eine Kompensation für die voraussehbare Schwäche des Rates zu schaffen, die darin besteht, daß der Rat im Gegensatz zur Kommission nur periodisch und in wechselnder Besetzung tagt. Die Luxemburg-Krise hat gezeigt, daß diese Schwäche des Rates durch den AStV nicht in notwendigem Maße gemindert wurde, sondern daß die beabsichtigte Wirkung nur durch einen politischen Eklat erreicht werden konnte, mit seinen beschlußtechnischen Folgen.

Unbeschadet dieses Aspektes hat der AStV im Bereich der ursprünglichen Vertragsabsichten wichtige Arbeit geleistet. Seine Tätigkeit wird im Bereich des Rechtes und der Funktion der „klassischen Gemeinschaft“[17] davon bestimmt, daß er eine Klammerfunktion[18] zwischen Kommission und den nationalen Regierungen bekommen hat, und zwar im Zusammenhang mit der Tatsache, daß seine Mitglieder (1) weisungsgebunden gegenüber ihrer nationalen Regierung sind, (2) die Interessen der nationalen Regierungen gegenüber der Kommission zu vertreten haben[19] und (3) politisch zwar versierte Beamte im Botschafterrang sind, aber keine eigene politische Legitimation besitzen.

---

[17] *Christoph Sasse* versteht darunter den wesentlich von den Verträgen gedeckten Aufbau des Gemeinsamen Marktes und der gemeinsamen Politiken im Innenbereich und Außenbereich. Vgl. *Ch. Sasse* in: Regierungen, Parlamente, Ministerrat, S. 188.

[18] Ebd., S. 188.

[19] Entgegen der Ansicht von *H. P. Ipsen*, der den AStV als „kleinen Ministerrat“ betrachtet, indem dieser außer als nationale Interessenvertre-

aa) Stärkung der nationalstaatlichen Belange durch den AStV

Für die Willensverschränkung ist es grundlegend, daß der AStV eine ständige Einrichtung ist, die die Interessen der nationalen Regierungen bei der Kommission zu vertreten hat und in dieser Funktion insofern am Willensbildungsprozeß der Kommission beteiligt ist, bzw. den nationalstaatlichen Willen mit dem der EG verschränkt, als die Gesetzesvorlagen (1) in fortwährendem Kontakt der Kommission mit dem AStV ausgearbeitet werden, (2) nach Fertigstellung dem AStV zur ersten Beratung zugeleitet werden. Von der Aufgabenstellung her kann man die Einrichtung des AStV als eine Art der Willensverteilung durch den Rat ansehen, indem dieser seinen komplexen Willen, nämlich den einerseits durch die Präambel festgelegten Fundamentalwillen und andererseits den durch die Vertretung der nationalen Belange vorbestimmten allgemeinen nationalstaatlichen Willen auffächert. Die Vertretung der nationalen Interessen wird zeitweilig an den AStV delegiert. So können die Ratsmitglieder, ohne in Interessenkollision zu kommen, im Vorfeld der Entscheidungen durch den AStV die nationalstaatlichen Belange stärken und vertreten lassen und gegebenenfalls mit den anderen Staaten und mit der Kommission in Übereinstimmung bringen. Sie brauchen sich erst durch ihre Bindung an den Fundamentalwillen zur Gemeinschaft in Anspruch genommen zu sehen, wenn nur durch Kompromisse von politischer Tragweite eine Weiterentwicklung des gemeinschaftlichen Handelns möglich wird. In dem einen Fall kommt es zu den sogenannten A-Beschlüssen. Dabei verschränkt sich der allgemeine Gemeinschaftswille mit dem allgemeinen Willen der Nationalstaaten in dem Sinne, daß nationale Interessen untereinander und mit den Gemeinschaftsinteressen, u. a. durch die bisherige Geschichte der Gemeinschaft, relativ zur Deckung gekommen sind, was dann in die Gemeinschaftsbeschlüsse eingeht. Im anderen Fall handelt es sich um die sogenannten B-Beschlüsse, die durch eine besondere Interessenkollision gekennzeichnet sind. Hier bedeutet Willensverschränkung eine Zusammenarbeit zwischen Ministerrat und Kommission nach Vorarbeit durch den AStV, wie oben erörtert wurde.

---

tung auch als Gemeinschaftsorgan eingesetzt sei (in: Europäisches Gemeinschaftsrecht, S. 343), sind wir der Auffassung, daß die Aufteilung in A- und B-Beschlüsse eine andere Beurteilung nahelegt. Können nämlich die A-Beschlüsse nur einstimmig, d. h. bei Übereinstimmung der nationalen Standpunkte und Interessen gefaßt werden und bleiben die kontroversen Themen als B-Beschlüsse dem Rat vorbehalten, so kann man daraus schließen, daß der AStV keine Befugnisse zu Kompromißlösungen größeren Ausmaßes hat. Der AStV hat die nationalen Interessen eindeutig und klar zur Geltung zu bringen und vertritt somit den allgemeinen Willen der Mitgliedstaaten am deutlichsten.

bb) Informative Willensverschränkung zwischen AStV und Kommission

Die in Art. 4 FusV vorgesehene Arbeitserleichterung durch den AStV für den Ministerrat bedeutet auch eine Vorbereitung der Ratstagungen in der Weise der Rückkoppelung des Gemeinschaftswillens mit dem jeweiligen einzelstaatlichen Willen durch Information in dem Sinne, daß die Ständigen Vertreter für die Ratstagungen die zuständigen Minister über das Wollen der Kommission und der anderen Mitgliedstaaten unterrichten. Dabei findet zunächst im informativen Bereich eine Willensverschränkung statt, die zur Folge hat, daß die nationale Regierung die notwendig werdenden Entscheidungen vorbereiten und den Spielraum möglicher Kompromisse erörtern kann. Indem hier Willensverschränkung im Bereich möglicher Willensbildung durch den AStV eingeleitet wird, ist eine neue und nicht unbedeutende Form der Willensverschränkung in Sicht gekommen, die von der Literatur zu Unrecht allzu kritisch beleuchtet wird[20].

Informative Willensverschränkung bedeutet eine Versachlichung der Probleme, eine intensive Vorbereitung der Verhandlungen und einen Appell an den Gemeinschaftssinn, die Möglichkeiten zu faktischer Willensverschränkung zwischen Kommission und Ministerrat auszuloten und gegebenenfalls die möglichen und notwendigen Entscheidungen im eigenen Lande so vorzubereiten, daß sie dem innerpolitischen Druck standhalten.

---

[20] Die Kritik in der Literatur bezieht sich daruf, daß es sich bei der Einrichtung des AStV um eine von den Verträgen nicht vorgesehene und verdeckte Übertragung von Entscheidungsbefugnissen des Rates an eine außervertragliche Institution handele. Wenngleich den Kritikern eine Arbeitserleichterung für den Rat notwendig und sinnvoll erscheint, so wird doch die Übertragung der Entscheidungskompetenz für die A-Punkte als unvereinbar mit den Verträgen angesehen, weil damit dem AStV scheinbar ein echtes Entscheidungsrecht zukomme. Zudem besteht die Befürchtung, daß die Unabhängigkeit der Kommission gefährdet sei, weil sie offenbar schon während der Diskussion mit dem AStV ihre Vorlage so verändere, daß von der ursprünglichen Gesetzesvorlage nicht mehr viel übrig bleibe. Vgl. statt vieler *van Rijn* in CDE 1972, S. 658/659. Wie bereits oben (aa)) angedeutet, wird die enge Bindung durch die Weisungsbefugnis der nationalen Regierungen gegenüber dem AStV dabei unterbewertet, wenngleich das Bedenken, das *Poullet / Deprez* (op. cit., S. 132) erheben, nicht ganz von der Hand zu weisen ist, die Tatsache nämlich, daß der AStV die Tagesordnung für die Ratssitzungen vorbereitet und ihm die Gesetzesvorlagen der Kommission so unterbreitet, wie er es für opportun hält, also entsprechend dem jeweiligen Diskussionsstand. Auf Grund dieser Tatsache kommt Jean Buchmann zu dem Urteil, daß dies „eine fundamentale Aushöhlung der Befugnisse der Kommission bedeute". In: L'analyse politique de L'intégration européenne, Bericht auf dem Kolloquium des Centre d'études européennes der U.C.L. am 7. Mai und 8. Mai 1973 in Löwen, daselbst S. 19.

cc) Würdigung dieser außervertraglichen Willensverschränkung

Die Arbeit des AStV hat besonders seit der Luxemburg-Krise an Bedeutung gewonnen, u. a. weil die Luxemburg-Abkommen eine stärkere Zusammenarbeit zwischen Kommission und AStV vorsehen (Art. I, Teil II), eine notwendige Folge des Insistierens auf Einstimmigkeit bei der Beschlußfassung und auf Fortsetzung der Verhandlungen bis zur Erreichung eines Einvernehmens. Die Arbeit des AStV findet ihre Bedeutung einerseits in der Stärkung der nationalstaatlichen Position gegenüber dem Gemeinschaftsorgan und so in dem Versuch, die von den Verträgen gewollte institutionelle Ausgewogenheit wiederherzustellen. Damit wird gleichzeitig erreicht, daß divergierende nationalstaatliche Belange in stärkerem Maße als bisher Beachtung finden und daß so Willensverschränkung im Sinne eines Ausgleichs für alle und im Sinne von Interessenkoordinierung durch den AStV vorbereitet und ermöglicht wird. Dies zeigt sich darin, daß z. B. im Jahre 1970 ca. 70 % aller Beschlüsse als A-Beschlüsse ergangen sind[21], d. h. daß dem AStV bereits im Vorfeld der Entscheidung gelungen ist, die vielfältigen Interessen und Absichten in einer der Bedeutung und Absicht von Willensverschränkung entsprechenden Weise miteinander in Einklang zu bringen. Die Tatsache, daß nach dem Vorschlag des Tindemans-Berichtes dem AStV die Verabschiedung der A-Beschlüsse übertragen werden soll[22], bestätigt weiter, daß die für Willensverschränkung sich notwendig zeigenden Vorverhandlungen durch den AStV durchgeführt worden sind und ihren Zweck erfüllt haben.

b) Bedeutung der nationalen Expertengruppen

Die neuere Entwicklung zeigt, daß oftmals die Arbeit des AStV auf eine rein formale Beteiligung am Gesetzgebungsverfahren gegenüber einer wachsenden Bedeutung von Arbeitsgruppen und Ausschüssen reduziert worden ist[23]. Ursache und Auswirkungen werden von Ch. Sasse[24] und Poullet / Deprez[25] umfassend erörtert. Anstelle der Ein-

---

21 Vgl. *Poullet / Deprez* op.cit., S. 131.

22 Tindemans-Bericht, Bulletin-Beilage 1/76, S. 35 r. Sp.

23 Vgl. z. B. die Gruppe zur Koordinierung der kurzfristigen Wirtschafts- und Finanzpolitik (eingesetzt durch Ratsbeschluß vom 21. März 1972, ABl Nr. C 38, 18. April 1972, S. 3 Abschnitt I, 2) Ständiger Ausschuß für Beschäftigungsfragen (eingesetzt durch Ratsbeschluß vom 14. Dezember 1970 (ABl Nr. L 273 vom 17. 12. 1970, S. 25 ff., Art. 1 ff.). — Ausschuß für wissenschaftliche und technische Forschung (eingesetzt durch Beschluß vom 14. Januar 1974, ABl Nr. C 7 vom 29. Januar 1974, S. 2 Art. 2, sowie weitere Beispiele bei *Christoph Sasse* op. cit., S. 186/187.

24 Die Übergehung des AStV in diesen Fragen ist ein Problem mangelnder politischer Legitimation der Ausschußmitglieder. Daher kommt *Ch. Sasse* — nach Diskussion und Verwerfung des Pompidou-Vorschlages der Europaminister — zu dem Vorschlag, diese Problematik durch die Erweiterung

schaltung des AStV in den Willensbildungsprozeß gewinnen zwei neue Arbeitsformen an Bedeutung: (1) Die Koordinierungsarbeit des AStV wird auf Fachleute oder Expertenausschüsse verlagert, die entweder als ständige oder als ad-hoc-Ausschüsse konstruiert sind und legitimiert werden durch die Organisationsgewalt der sie einsetzenden Institutionen (entsprechend Art. 16 der vorläufigen Geschäftsordnung des Rates). (2) Die Kommission pflegt nunmehr die informelle Konsulation nationaler Expertengruppen, deren Mitglieder meist identisch sind mit den unter (1) genannten Ausschußmitgliedern, um ihre Gesetzesvorlagen vorzubereiten. Eine rechtliche Grundlage ist dafür nicht notwendig. Beide Arbeitsformen mögen politisch als eine Schwächung des AStV beurteilt werden können[26], für das Problem der Willensverschränkung kann grundsätzlich auf das für den AStV Gesagte verwiesen werden. Offenbar ist in der Vermehrung von Arbeitsausschüssen zur Unterstützung des Ministerrates und in dem Bedürfnis der Kommission nach Konsultation kompetenter Politiker das Bemühen um eine weitere Verbesserung der Arbeit im Vorfeld der Entscheidung zu sehen.

(1) Handelt es sich bei den Ausschußmitgliedern in der Regel um Staatssekretäre und Spitzenbeamte der Ministerien, dann verbindet sich in ihrer Person Sachkenntnis mit politischer Verantwortung. Bezogen auf unsere grundsätzlichen Überlegungen über die außervertragliche Willensverschränkung, wonach nämlich die Verhandlungen im Vorfeld der Entscheidung so vorbereitet werden müßten, daß echte Willensverschränkung mit der für die Gemeinschaft wichtigen Folge entstehen kann, muß diese Entwicklung als qualitative und quantitative Verbesserung angesehen werden. Ist die Etablierung solcher Organe die natürliche Folge der Luxemburger Beschlüsse, so kann darin zugleich eine wünschenswerte Konsequenz aus dem Einstimmigkeitsprinzip gesehen werden, weil dadurch die Informationen über die Möglichkeiten von Interessenkoordination maximiert werden (wenn auch vielleicht auf Kosten mancher Ideen, die auf diese Weise nicht zu verwirklichen

des AStV um eine Gruppe III, besetzt durch politische Beamte im Staatssekretärsrang aus den jeweiligen Ministerien zu lösen. Die Übernahme der Koordinierungsverhandlungen auf dieser Ebene könnte seines Erachtens eine organisatorische Überbelastung der Gemeinschaft (70 - 80 Arbeitsgruppen bestehen zur Zeit) sowie eine Zerspliterung der Ansätze und Standpunkte am besten verhindern. Die Einrichtung von Europaministern hätte nach seiner Auffassung den Nachteil, daß jeweils ein Minister die gesamten Ressorts auf europäischer Ebene zu verantworten hätte, eine unzumutbare Aufgabe. Sie wären daher zu „schwächlichen Randfiguren der staatlichen Kabinette, wenn nicht gar zu ihren Prügelknaben verurteilt, op. cit., S. 189/190.

[25] op. cit., S. 116 ff.

[26] Vgl. *Poullet / Deprez*, op. cit., S. 120. Vgl. dazu die analoge Entwicklung im Bereich der Montanunion, wo die Kommission ihre Konsultationsbefugnis weit über das geplante Maß hinaus ausgedehnt hat, um sich der Durchsetzungskraft ihrer Beschlüsse zu versichern.

sind). (2) Ähnliches ist von der neuen Gewohnheit der Kommission zu sagen, sich bei der Arbeit an Gesetzesvorlagen ein Maximum an Informationen über Absichten und Bedürfnisse der Mitgliedstaaten zu verschaffen, um damit Entwürfe vorlegen zu können, bei denen die Entscheidungsmöglichkeiten auf eine Zahl reduziert worden sind, die zu verwertbaren Alternativen führt.

In beiden Arbeitsformen wird das Bemühen sichtbar, welches schon durch das rechtstechnische Mittel der Willensverschränkung in der Zusammenarbeit zwischen Kommission und Ministerrat gefördert werden sollte: Durch Interessenkoordinierung die Gemeinschaft weiter zu entwickeln, statt Kompromissen ohne Durchschlagskraft neue gemeinsame Lösungen zu versuchen und damit das Auffinden eines „bonum commune" für die Gemeinschaft zu ermöglichen. Dieses Ziel wird durch alle genannten außervertraglichen Einrichtungen gefördert, indem im Vorfeld der Entscheidung die in den Verträgen verlangte, im einzelnen jedoch noch zu realisierende Willensverschränkung sachlich und sachkundig vorbereitet bzw. schon durchgeführt wird.

2. Willensverschränkung durch Einsetzung des Verwaltungsausschuß- und des Regelungsausschußverfahrens

Der Rat ist gemäß Art. 155 Abs. IV ermächtigt, der Kommission Rechtssetzungsbefugnisse zu übertragen, indem er sie beauftragt, Durchführungsbestimmungen zu Grundverordnungen zu beschließen, die er erlassen hat. Diese Delegationsbefugnis hat besondere Bedeutung auf dem Agrarsektor erlangt, weil die schnellen Veränderungen auf dem Agrarmarkt laufend und durch rasche Entscheidung die Überwachung und Regelung der Marktvorgänge erforderten[27]. Dazu war der Rat we-

[27] Vgl. *H. P. Ipsen* in: Europäisches Gemeinschaftsrecht, S. 442. Die Möglichkeit der Delegation gem. Art. 155 Abs. IV hat eine relativ starke politische Wichtigkeit gehabt, weil eine weitgehende Übertragung von Rechtssetzungsbefugnissen an die Kommission eine erneute Dominanz dieses Gemeinschaftsorgans mit sich gebracht hätte. Darum ist der Rat mit der Delegationsbefugnis seit der Luxemburg-Krise sehr sparsam umgegangen. Das geht indirekt hervor aus dem Pariser Kommuniqué vom 30. November 1974, in dem sich die Mitgliedstaaten verpflichten, im Sinne einer Verbesserung der Beziehungen zwischen den beiden Antipoden Kommission und Ministerrat davon wieder verstärkt Gebrauch zu machen. Der Umfang solcher Delegation folgt einerseits formal aus Art. 155 Abs. IV EWGV, wo es heißt: „... exerce les compétences que le conseil lui confère pour l'execution des règles qu'il établit." Als inhaltliche Grenze muß die jeweilige Grundverordnung des Rates angesehen werden, deren Durchführung der Kommission obliegt. Diese kann die Grundverordnung weder ändern, noch ergänzen, noch durchbrechen (*H. P. Ipsen* in: Europäisches Gemeinschaftsrecht, S. 440), eine im echten Sinne selbständige Entscheidungsbefugnis kommt der Kommission daher nicht zu. Der Umfang der Delegation ist offenbar politisch jeweils davon abhängig, inwieweit Willensverschränkung

gen seiner periodischen Tagungsfolge nicht in der Lage. Ausgangspunkt unserer Überlegungen muß sein, daß bei Durchführungsverordnungen — wie aus Art. 155 Abs. IV in Verbindung mit Art. 149 EWGV deutlich wird — der Rat ohne die Mitwirkung der Kommission die Durchführungsvorschriften erlassen kann, so daß keine Willensverschränkung stattfindet. Bei der Wahrnehmung des Delegationsrechtes findet ebenfalls keine Willensverschränkung statt, weil nun ein anderes Organ und damit ein anderer Willensträger allein entscheidet, wenn auch in Ausführung des vom Rat geäußerten Willens.

a) Das Verwaltungsausschußverfahren[28]

Willensverschränkung wird jedoch involviert durch die gleichzeitige Einschaltung eines Verwaltungsausschusses, der insofern eine Kontrollinstanz ist, als er alle Durchführungsbestimmungen nachzusehen hat und durch eine negative Stellungnahme bewirken kann, daß der Rat innerhalb Monatsfrist diese von der Kommission erlassene Vorschrift aufheben kann, indem er für den speziellen Fall die Kompetenzübertragung revoziert und selbst die notwendigen Vorschriften erläßt[29]. Da der Ausschuß keine Entscheidunsbefugnisse, wohl aber eine Beurteilungsaufgabe hat, findet hier wieder eine Willensverschränkung eigener Art statt, die dadurch ihre Besonderheit bekommt, daß sich der beschließende Wille der Kommission mit dem beurteilenden Willen der Ausschüsse verschränkt und daß offenbar die Beschlußkompetenz des Rates erst durch ein Veto der Ausschüsse ausgelöst wird.

Dies Verfahren ist erheblicher Kritik ausgesetzt gewesen: (1) Man bezweifelt, daß in dem vertraglichen Recht auf Delegation von Rechtssetzungsbefugnissen auf die Kommission — verankert in Art. 155 Abs. IV EWGV — die Möglichkeit der Übertragung von Entscheidungsbefugnissen eingeschlossen ist[30]. Solche würden aber von dem Verwaltungsausschuß ausgeübt[31]. (2) Man befürchtet eine größere Anlehnung der Kommissionsentscheidung an die Wünsche der Mitgliedstaaten[32].

---

im idealtypischen Sinne zwischen Kommission und Minsterrat stattfindet. Allerdings sollte bei der Beantwortung dieser Frage nicht übersehen werden, daß die Kommission schon wesentlich den Inhalt der Grundverordnung durch ihre Vorschlagskompetenz mitbestimmt. Vgl. *Peter Schindler* in: Delegation von Zuständigkeiten in der Europäischen Gemeinschaft, S. 156.

[28] Rechtsgrundlage ist die Ratsverordnung 19/62 vom 4. April 1962, ABl 1962, S. 933.

[29] Eine solche Kontrolle, ob die Kommission sich im Rahmen der durch den Rat gesteckten Grenzen hält, ist notwendig, weil nach allgemeiner Ansicht der Rat der Delegation ohne Zustimmung der Kommission nicht widerrufen darf. Vgl. *H. P. Ipsen* in: Europäisches Gemeinschaftsrecht, S. 441.

[30] *Wolfgang Däubler* in: Die Delegation von Rechtssetzungsbefugnissen im Recht der EG, DVBl 1966, S. 662.

[31] *H. P. Ipsen* in: Europäisches Gemeinschaftsrecht, S. 441.

Solcher Kritik liegt eine Vorstellung von der Gemeinschaft zugrunde, die sich an nationalstaatlichen Organisations- und Machtausübungsbefugnissen orientiert, und es wird übersehen, daß gerade in der Willensverschränkung, die auch hier vorliegt und gem. Ziffer (2) „befürchtet“ wird, ein wesentliches Strukturelement des Institutionenrechtes der Gemeinschaft zu sehen ist. Der EuGH hat diesem Streit in der Literatur ein Ende gemacht, indem er in der Rechtssache 25/70 das Verwaltungsausschußverfahren für legal befunden hat.

b) Das Regelungsausschußverfahren

Das sogenannte Regelungsausschußverfahren weist gegenüber dem Verwaltungsausschußverfahren keine grundlegenden Besonderheiten auf. Allerdings findet hier eine verschärfte Bindung der Kommission an die Stellungnahme des Ausschusses statt, indem sie nur bei positiver Stellungnahme ihre Durchführungsvorschrift erlassen kann, während in allen übrigen Fällen die Wiedereinschaltung des Rates zwingend ist. Diese strengere Bindung wird jedoch dadurch politisch entschärft, daß in den Fällen der Delegationsrücknahme durch den Rat das in den Verträgen festgelegte förmliche Gesetzgebungsverfahren wieder Anwendung findet, die Kommission also wieder durch ihre Vorschlagskompetenz in freier Entscheidung Vorlagen einbringen kann. In beiden Verfahren wird Willensverschränkung durch Einschaltung von mitwirkenden Ausschüssen beim Gesetzgebungsverfahren möglich gemacht. Sie machen deutlich, wie sehr der Rat darauf bedacht ist, seine Stellung, wenn auch hier durch Vermittlung eines Ausschusses zu wahren.

Die Einrichtung von flankierenden Verfahren, wie sie oben dargestellt wurden und wie sie die Stellung des Rates festigen, ist mit reinem Prestigedenken oder machtpolitischer Wirkungsabsicht allein nicht zu erklären. Sie zeigen auch, daß Willensverschränkung dort, wo sie vertraglich vorgesehen ist, offenbar so überzeugend und gemeinschaftsfördernd gewirkt hat, daß dieses Strukturprinzip auch bei Verfahren in Anspruch genommen wird, wo eine solche Willensverschränkung nicht unmittelbar statuiert worden war.

---

[32] *Wolfgang Däubler* in: Die Delegation von Rechtssetzungsbefugnissen, DVBl 1966, S. 662; *Peter Schindler* in: The problem of decision-making by way of the management committee procedure in the EEC, CMLRev. 1971, S. 193; positiv dazu *Christoph Bertram* in: Decisionmaking in the EEC: The management committee procedure, CMLRev. 1967/68, S. 250.

Drittes Kapitel

Willensverschränkung beim Europäischen Parlament

I. Das Europäische Parlament als Ausdruck des demokratischen Prinzips in der EG

Mit Art. 137 EWGV haben sich die Mitgliedstaaten der EG eine gemeinsame demokratische Institution geschaffen, das Europäische Parlament[1]. Es ist insofern Ausdruck des demokratischen Selbstverständnisses der Mitgliedstaaten, als diese Mitgliedstaaten das Organ, das sie nach ihrem eigenen Staatsverständnis als autonome Gemeinwesen legitimiert, sc. ein Parlament, auch für die supranationale Staatenverbindung geschaffen haben. Sie erfüllen damit eine Forderung, die sie in der Präambel an alle Mitgliedstaaten — auch potentielle — für deren nationalstaatliche Ordnung gestellt haben[2], auch für die EG als umgreifende staatsähnliche Organisation[3]. Aber nicht nur solche formalen staatsrechtlichen Überlegungen sind zu beachten. Auch substantiell muß festgestellt werden, daß hinter der Institutionalisierung des demokratischen Gedankens als Parlament der erklärte Wille der Mitgliedstaaten steht, sich auf europäischer Ebene ein Organ zur demokratischen Legitimation und zur Kontrolle europäischer Gesetzgebung zu schaffen. Dieses Organ soll die „Beratungs- und Kontroll-

---

[1] Die Verträge sprechen von der „Versammlung", nicht vom Parlament. Dieses hat sich jedoch bereits durch Resolution vom 24. April 1962 (JO 1045/62) selbst den Namen „Parlament" gegeben, mit der offiziellen Begründung, der Text stimme in der französischen und italienischen Übersetzung nicht überein.

[2] Vgl. Präambel zum EWG-Vertrag, Abs. 8.

[3] Dem dargestellten Zusammenhang entspricht letztlich die durch eine geschichtliche Entwicklung entstandene gegenwärtige Vorstellung, wobei zu beachten ist, daß mit der Übertragung der eigenen Staatsauffassung auf die EG diese letztlich indirekt als staatliche Einheit verstanden wird. Die Verträge sind zurückhaltender, und indem sie von „Versammlung" sprechen, vermeiden sie das oben dargelegte Junktim. Aber da sich schon in der konstituierenden Sitzung die Versammlung selbst als Parlament qualifiziert hat — unwidersprochen von den Einzelstaaten — hat sich zusammen mit der gewohnheitsrechtlichen Bezeichnung auch die Vorstellung von einem supranationalen Gebilde weiterhin durchgesetzt. Im Zusammenhang damit erwartet man auch von einer Stärkung des Parlamentes eine Fortentwicklung der Gemeinschaft zu einem staatenähnlichen Gebilde hin.

funktionen ausüben, die ihm nach diesem Vertrage zustehen"[4]. Die Kompetenzausstattung dafür in Vergangenheit und Gegenwart wird in der Regel als mangelhaft beurteilt.

Sehen wir in der Institution eines Parlamentes abstrakt die Objektivation des allgemeinen subjektiven Willens, dann verschränkt sich bei der Gesetzgebung in einem demokratisch strukturierten System der allgemeine subjektive Wille des Parlamentes mit dem an den objektiven Notwendigkeiten orientierten Willen der Regierung — und zwar zu einer Gesetzgebung, die objektiv notwendige Gesetze schafft und die dadurch, daß sie parlamentarische Zustimmung erfährt oder parlamentarisch verabschiedet wird, gleichzeitig zu einer aus der subjektiven formellen Freiheit erwachsenden Gesetzgebung wird. Der Anteil der subjektiven formellen Freiheit an der Gesetzgebungsarbeit wird durch die Kompetenzzuweisung an das Parlament festgelegt, wodurch zugleich die Charakterisierung der Willensverschränkung nach ihrem Intensitätsgrad erfolgen kann. Die für ein demokratisches Gemeinwesen idealtypische Verschränkung ist im europäischen Rahmen noch in der Entwicklung, da (1) das Europäische Parlament nur sporadisch zur Mitwirkung an der europäischen Gesetzgebung aufgerufen ist; denn seine Beratungskompetenzen sind auf einige in den Verträgen enumerativ aufgeführte Fälle begrenzt[5], (2) das Europäische Parlament nur Beratungsfunktion hat und ihm die Verabschiedungskompetenz für europäische Gesetze fehlt, (3) das Europäische Parlament noch nicht im eigentlichen Sinne als Repräsentation des Volkswillens und damit als Ausdruck des allgemeinen subjektiven Willens angesehen werden kann, weil seine unmittelbare Wahl noch aussteht.

II. Exkurs: Die indirekte demokratische Kontrolle der exekutiven Institutionen und die quasi-parlamentarische Legitimierung der europäischen Gesetzgebung durch die Parlamente der Mitgliedstaaten

Sehen wir in der Mitwirkung des Parlamentes beim Prozeß staatlicher Willensbildung die Übernahme des von den Regierenden als notwendig Erkannten in die subjektive formelle Freiheit, dann muß angesichts der beschränkten Kompetenzausstattung des EP auf die Mitwirkung der nationalen Parlamente an der Willensbildung der EG verwiesen werden. Diese haben bislang durch eine Reihe von Beschlüssen wesentliche Akte demokratischer Legitimierung vollzogen und

[4] Vgl. Vertragstext, Art. 137 EWG-Vertrag.

[5] Vgl. dazu unten, 3. Kap. IV 1. — *H. P. Ipsen* kann in den normierten Fällen auch keine inhaltliche Systematik erkennen (in: Europäisches Gemeinschaftsrecht, S. 503).

damit für das noch unvollständig agierende EP Ersatzhandlungen vorgenommen. Diese können für ein demokratisches Bewußtsein eine quasi-parlamentarische Legitimation und Kontrolle der exekutiven Organe und ihrer Rechtshandlungen bedeuten.

1. Generelle Ermächtigungen in den Verträgen

Die Nationalen Parlamente haben durch die Ratifizierung der Verträge in zweifacher Hinsicht den exekutiven Organen Vollmacht erteilt: (a) Durch die Bestätigung der Präambel und damit durch die Bestätigung des Fundamentalwillens zur Gemeinschaft[6] für die Handlungen der Exekutive, die diesem erklärten Ziel dienen. (b) Durch die generelle Zustimmung zu einer Gesetzgebung für konkrete, in den Verträgen aufgeführte Sachgebiete (z. B. zur Etablierung der 4 Grundfreiheiten, des gemeinsamen Agrarmarkts, zur Steuerharmonisierung). Die Forderung nach größerer Kompetenzausstattung des EP zeigt, daß solche generelle Zustimmung demokratischer Organe die parlamentarische Beschlußfassung im einzelnen auf die Dauer nicht zu ersetzen vermag. Jedoch sollte sie nicht so verstanden werden, daß bis zu ihrer Erfüllung der Gemeinschaft der demokratische Charakter abgesprochen wird.

2. Kontrolle der europäischen Gesetzgebung durch die nationalen Parlamente

a) Verantwortlichkeit der Ratsmitglieder vor den heimischen Parlamenten

Der Ministerrat als Verabschiedungsinstanz für die europäische Gesetzgebung unterliegt insofern einer parlamentarischen Kontrolle, als die in ihn entsandten Mitglieder der Regierungen gegenüber den nationalen Parlamenten auch für ihr Handeln im europäischen Rahmen verantwortlich sind[7]. Diese Kontrollmöglichkeit wird eingegrenzt durch das im Ministerrat herrschende Kollegialprinzip und durch die Nicht-

---

[6] Der Zustimmungsakt erfolgte für die BRD durch ein auf Grund von Art. 24 GG beschlossenes Gesetz (a) zum EGKS-Vertrag vom 29. April 1952, BGBl II, 445, (b) zu den Römischen Verträgen vom 27. Juli 1957, BGBl II, 753.

[7] Das dänische Zustimmungsgesetz enthält eine ähnliche Bestimmung, allerdings mit dem Versuch, die dänischen Ratsmitglieder an eine konkrete Zustimmung ihres Parlamentes zu binden, was de facto einer Weisungsgebundenheit nahe käme. Eine solche Bestimmung dürfte einerseits der Eigenart der EG als supranationaler Gemeinschaft widersprechen und auch aus praktischen Gründen undurchführbar sein, weil dadurch die Beschlußpraxis des Rates wesentlich gehemmt würde. Zur Einflußmöglichkeit des Deutschen Bundestages auf die Ratsmitglieder auf Grund von Art. 2 Satz 1 ZustG vgl. *Ulf Oetting* in: Bundestag und Bundesrat im Willensbildungsprozeß der Europäischen Gemeinschaften, S. 42/43.

öffentlichkeit der Ratssitzungen[8], freilich wieder gestärkt durch die Praxis der Einstimmigkeitsbeschlüsse seit der Luxemburg-Krise. Vom Standpunkt demokratischer Gemeinschaftsordnung aus müßte das Einstimmigkeitsprinzip solange begrüßt werden, wie nicht die Beschlüsse des Ministerrates einer Kontrolle durch das Europäische Parlament unterliegen, und umgekehrt bedürfte auch unter diesem Gesichtspunkt die Wiedereinführung des Mehrheitsprinzips (die aus anderen Gründen wünschenswert ist) als flankierende Maßnahme einer parlamentarischen Kontrolle der Gesetzgebung durch das Europäische Parlament.

b) Das Europäische Parlament als „konstitutionalisierte Öffentlichkeit"

Mit zunehmender Realisierung der in den Verträgen konkret genannten Gemeinschaftsziele (vgl. oben 3. Kap. II 1 b) drängte die innere Dynamik der Gemeinschaft auf Ausdehnung des gemeinsamen Handelns in neue Bereiche. Rechtlich war dieser Vorgang von Anfang an durch Art. 235 EWGV vorgesehen, d. h. durch die rechtliche Möglichkeit der sachlichen Kompetenzerweiterung für die Gemeinschaftsorgane und zwar durch Ministerratsbeschluß auf Vorschlag der Kommission und nach Anhörung des Europäischen Parlamentes. Die Grenze dieser Kompetenzausdehnung, deren Rechtswirksamkeit nicht von der Ratifizierung durch die nationalen Parlamente abhängig ist, wird in Art. 235 EWGV festgelegt durch die Bestimmung, daß alle neuen Tätigkeitsbereiche im notwendigen Zusammenhang zu den bereits bestehenden Befugnissen stehen müssen, die ihrerseits von den nationalen Parlamenten beschlossen wurden. Die Interpretation dessen, was als notwendiger Zusammenhang zu verstehen ist, obliegt rechtlich Kommission und Ministerrat, die also selbst bestimmen, was nach Art. 235 EWGV vorlagepflichtig wird[9]. Dabei ist zu beachten, daß dafür der Einstimmigkeitsbeschluß von den Verträgen selbst gefordert ist. Zu dessen Bedeutung vgl. oben 3. Kap. II 2 a.

3. Das Vertragsänderungsverfahren

Eine unmittelbare Beteiligung der nationalen Parlamente an der Willensbildung der Gemeinschaft findet im Vertragsänderungsverfahren statt, bei dem nach Art. 236 EWGV eine Ratifizierung der neuen Bestimmungen durch die nationalen Parlamente vorgeschrieben ist. Da-

---

[8] Vgl. *Sigismund Buerstedde* in: Der Ministerrat im konstitutionellen System der Europäischen Gemeinschaften, S. 191/192.

[9] Was also den nationalen Parlamenten vorgelegt werden muß und was dem Europa-Parlament zugeleitet wird.

mit ist verfahrenstechnisch noch kein qualitativer Integrationsfortschritt gegeben, wenn er auch materiell beschlossen werden kann. Die Dualität von nationalen Interessen und Gemeinschaftsabsichten bleibt gewahrt, und die Mitgliedstaaten bleiben weiter Herren der Verträge.

4. Die quasi-demokratische Kontrolle der Exekutivorgane und die Verschränkungsproblematik

Untersuchen wir für diese verschiedenen Formen quasi-parlamentarischer Legitimation der europäischen Gesetzgebung und quasi-demokratischer Kontrolle der Exekutivorgane die Verschränkungsproblematik, so zeigt sich, daß jeweils der subjektive freie Wille der nationalen Parlamente sich verschränkt mit als objektiv notwendig unterstellten Willen der europäischen Gemeinschaft. Verschränkung findet hier zwischen zwei Ebenen statt, wobei sie zwar einerseits die Dualität von Gemeinschaft und ihren Mitgliedern wiedergibt, aber als Lösung des Demokratieproblems unbefriedigend bleibt und daher die Forderung nach Kompetenzerweiterung für das Europäische Parlament lebendig erhält (wie sie neuerdings durch die anstehenden Direktwahlen erhofft wird). Ferner scheint beachtenswert, daß bei den meisten Formen nur eine indirekte Mitwirkung des Parlamentes stattfindet, so daß sich hier nur der fundamentale Wille zur Gemeinschaft seitens der nationalen Parlamente verschränkt mit dem allgemeinen Willen der Gemeinschaftsorgane zur Regelung konkreter Sachgebiete. Hier verschränken sich zwei Willensebenen, die sich durch ihre Abstraktionsstufe unterscheiden[10]. Nur wo die direkte Mitwirkung der nationalen Parlamente vorgesehen ist, findet Verschränkung auf der gleichen Abstraktionsstufe statt. Die am wenigsten wirksame und höchst indirekte parlamentarische Mitwirkung an der europäischen Gesetzgebung findet bei der Verantwortung der Mitglieder des Ministerrates vor ihren nationalen Parlamenten statt.

III. Die Beteiligung des allgemeinen subjektiven Willens des EP an der europäischen Gesetzgebung in ihrer Entwicklung

1. Das Problem des EP in der staatsrechtlichen Diskussion

Die kompetenzmäßige Ausstattung des EP ist seit Bestehen der Gemeinschaft in der Literatur erheblich kritisiert worden, und zwar von zwei Seiten, die in ihrer Auffassung über Wesen und staatsrechtliche Bedeutung entgegengesetzte Positionen vertreten. Wir unterscheiden:

---

10 Zum Begriff der Abstraktionsstufe vgl. unsere kategoriale Analyse der sich durch den politischen Willen zur Gemeinschaft verschränkenden Willen, oben, 1. Kap. II 1 a - e.

Die funktionalistische[11] Kritik (a), vertreten z. B. durch Ipsen und Reichel, von der konstitutionalistischen Kritik (b), vertreten z. B. durch Ulrich Scheuner[12].

a) Das funktionalistische Konzept

Für die Funktionalisten ist das EP ein „Fremdkörper in der EG“[13]. Für sie ist die Gemeinschaft vorwiegend als „Zweckverband funktioneller Integration“[14] zu qualifizieren, in dem ein Parlament keine sinnvolle Aufgabe erfüllen kann. Die Institutionalisierung des EP durch die Verträge sowie die Demokratisierungsklausel des Art. 138 Abs. III EWGV wird von ihnen als nicht ernstgemeinte „Verbeugung vor dem Zeitgeist“[15] abgetan oder — fast zynisch — als ein Versuch angesehen, der Gemeinschaft zu einem demokratischen „Aufputz“[16] zu verhelfen.

Zwar gehen auch die Funktionalisten in ihrer Endvorstellung von einem staatenähnlich strukturierten Gebilde aus, für sie wird sich jedoch die diese Einigung bestimmende staatsrechtliche Ordnung aus der geschichtlichen Entwicklung und aus den sich daraus ergebenen Willensakten der Mitgliedstaaten fast automatisch herausbilden. Beim gegenwärtigen Entwicklungsstand hat ein europäisches Parlament noch

---

[11] Das funktionalistische Konzept kann man auf die kurze Formel bringen „form follows function“, d. h. das Institutionengefüge eines staatenähnlichen Zusammenschlusses richtet sich nach den Funktionen und Aufgaben, die dieser Verband erfüllen soll. Nach diesem Konzept würden auf die Organe der internationalen Organisation nur so viele Befugnisse übertragen, wie sie zur Wahrnehmung der von den Mitgliedstaaten nicht mehr allein zu bewältigenden Aufgaben nötig sind und zwar ohne erhebliche Souveränitätseinbußen. Vgl. *G. Zellentin* in: Intersystemare Beziehungen, S. 181.

[12] Die funktionalistische Handlungslehre geht zurück auf die amerikanischen Wissenschaftler *Mitrany, Etzioni* und in deren Fortführung durch *Haas* und *Lindberg*. Sie wurde in neuerer Zeit aufgegriffen von *G. Zellentin*. Ansätze zu einem funktionalistischen Verständnis des europäischen Zusammenschlusses finden sich (nach Abkehr von der konstitutionalistischen Auffassung auf der Erlanger Staatsrechtslehrertagung [1959]) erstmals auf der Staatsrechtslehrertagung in Kiel (1964), vgl. dazu VVDStRL 1964: die sog. „Kieler Welle“. Aufgegriffen wurde dieser Ansatz von *Andreas Sattler* in: Die funktionelle Integration (1967) und von *Heinz Wagner* in: Grundbegriffe des Beschlußrechtes der Europäischen Gemeinschaften.

[13] *Peter Reichel* in: Bundestagsabgeordnete in europäischen Parlamenten, S. 26.

[14] Dieser Ausdruck stammt von *H. P. Ipsen* und scheint uns das funktionalistische Konzept besonders gut zu kennzeichnen. Krit. zu dieser Qualifizierung: *Ulrich Everling* in: EuR 1976, Sonderheft, S. 5: „Die Gemeinschaft ist auch nicht als Zweckverband funktioneller Integration ausreichend gekennzeichnet, der wegen seiner funktionsbedingten Festlegung relativ klare Kompetenzgrenzen haben könnte, vielmehr muß ihr dynamischer und politischer Charakter berücksichtigt werden.“

[15] *H. P. Ipsen*, Europäisches Gemeinschaftsrecht, S. 981.

[16] *Peter Reichel*, Bundestagsabgeordnete, S. 26.

keine sachlich-funktionale Notwendigkeit. Sie gehen von einem rational nicht begründbaren „spill-over"-Effekt[17] aus. Die Notwendigkeit, immer neue Handlungsbereiche in die Gemeinschaftstätigkeit einzubeziehen, wird danach notwendigerweise zur Einheitsbildung führen, und das zur Durchführung notwendige Institutionengefüge wird sich quasi „aus der Natur der Sache" ergeben.

b) Das konstitutionalistische Konzept

Ausgehend von der Vorstellung einer bundesstaatlichen Ordnung für die Europäische Gemeinschaft[18] wird von den Anhängern des konstitutionalistischen Konzepts[19] des EP kritisiert, weil ihm nach dem westeuropäischen Demokratie-Verständnis zu wenig an typischen Kompetenzen übertragen ist. Die Verwirklichung einer bundesstaatlichen Ordnung im europäischen Rahmen setzt nach deren Ansicht voraus, daß die Grundprinzipien innerstaatlicher Ordnung auf die supranationale Staatenverbindung übertragen werden. Es ist daher selbstverständlich, daß diese Ordnung nur eine solche mit gewaltenteilender Struktur sein kann, in der dem Parlament die legislative Kompetenz zukommt, weil das seit Locke und Montesquieu zur Theorie eines fortschrittlichen Staatsrechtsdenkens gehört. Freilich bedarf es zur Herstellung einer solchen Ordnung der Bereitschaft, ein gewisses Maß an einzelstaatlicher Souveränität zugunsten der Gemeinschaft aufzugeben. Auf das Parlament bezogen bedeutet das konstitutionalistische Konzept: Es kann ein Europäisches Parlament nur sinnvoll sein, wenn es mit den einem bundesstaatlichen System adäquaten Befugnissen ausgestattet, d. h. durch allgemeine Wahlen zur Repräsentation berufen ist und legislative Funktionen bekommt. Für die Konstitutionalisten nimmt daher die Demokratisierungsklausel des Art. 138 Abs. III EWGV eine Schlüsselstellung für den Fortgang der Integration ein[20].

c) Zusammenfassung

Beiden Theorien ist gemeinsam, daß sie das Europäische Parlament in seiner jetzigen Form ablehnen. Die einen, weil der Entwicklungsstand der Integration ein Europäisches Parlament noch nicht nötig macht, die anderen, weil das Europäische Parlament in der Kompetenzausstattung noch nicht weit genug entwickelt worden ist.

---

[17] *Gerda Zellentin*, Intersystemare Beziehungen, S. 194.

[18] Kritisch dazu *H. P. Ipsen*, op. cit., S. 984, dem die Festlegung auf ein föderatives System mit Recht als zu starr erscheint, um der Offenheit und Dynamik des Integrationsprozesses gerecht zu werden.

[19] Vgl. dazu die Diskussion auf der Staatsrechtslehrertagung im Jahre 1959 in Erlangen.

[20] Vgl. *Ulrich Scheuner* in: ZParl 1972, S. 491.

IV. Willensverschränkung zwischen dem Europa-Parlament und den europäischen Exekutiven: Kommission und Ministerrat

1. Vertragliche Willensverschränkung

Die Willensverschränkung, die das Europäische Parlament mit den Exekutiven (Kommission und Ministerrat) verbindet, soll als horizontale Willensverschränkung gekennzeichnet werden, weil sie grundsätzlich gleichgeordnete Organe miteinander verbindet.

Dem Europäischen Parlament wird in Art. 20 EGKSV eine Kontrollfunktion übertragen, die in Artt. 24 Abs. I und II, 23 Abs. III im einzelnen geregelt ist. Verstanden wird darunter: Das Mißtrauensvotum gegenüber der Kommission, die Diskussion des Gesamtberichtes, das Fragerecht; darüber hinaus hat das Parlament durch die Budgetverträge das in Art. 206 Abs. III EWGV genannte Recht erhalten, die Durchführung des Haushaltsplanes durch die Kommission zu überprüfen und gemeinsam mit dem Rat den sogenannten Entlastungsbeschluß zu fassen (Artt. 206 Abs. III EWGV, 180 EAGV). Seine Aufgabe wird in den Römischen Verträgen von 1958 durch die Beratungsfunktion erweitert, so daß es nun in Artt. 137 EWGV, 107 EAGV heißt: „L'assemblée ... exerce les pouvoirs de délibération et de contrôle qui lui sont attribués par le présent traité."

Die neu hinzugekommene Beratungsfunktion entspricht der sogenannten Konsultationspflicht der Exekutiven, beide Funktionen werden zusammengefaßt, und man spricht von der Konsultationsbefugnis des EP[21]. Der EWGV kennt 19 Fälle obligatorischer Konsultation des EP, während der Vertrag zur Gründung der Montanunion eine Anhörung des EP lediglich in den Fällen der „kleinen Vertragsrevision" (Art. 95, Abs. III und IV) vorsieht[22]. Für die Konsultationsbefugnis des EP ist es kennzeichnend, daß die Stellungnahme des EP in allen Fällen für den Rat rechtlich unverbindlich ist, d. h. die Ratsbeschlüsse können selbst bei einer entgegenstehenden Stellungnahme des EP ge-

---

[21] Die Begründung dafür mag in dem strukturellen Unterschied der Verträge liegen, der gemeinhin in dem Gegensatzpaar des „traité-règle" und des „traité-cadre" ausgedrückt wird und der den unterschiedlichen Grad der Normsetzungsfreiheit kennzeichnet. Während sich der EGKS-Vertrag danach als relativ genau durchnormierter Vertrag darstellt, ist in den Römischen Verträgen den Beschlußorganen ein weit größerer Spielraum eingeräumt. Die obligatorischen Beratungsbefugnisse des EP sind vorwiegend für die Fälle normiert, in denen allgemeine Programme aufgestellt werden sollen, Regeln zur Nicht-Diskriminierung beschlossen werden sollen, oder auch solchen, die vertragsändernd wirken, bzw. wie Art. 235 EWGV eine Kompetenzerweiterung der Gemeinschaftsorgane schaffen.

[22] Vgl. *H. P. Ipsen* in: Europäisches Gemeinschaftsrecht, S. 503.

faßt werden[23]. Es handelt sich also bei der Beteiligung des EP an der europäischen Gesetzgebung um die Verschränkung eines beratenden Willens mit einem gesetzgebenden Willen, eine Verschränkung, die wir wegen der Unverbindlichkeit des beratenden Willens in der Folge eine „anhörende" Willensverschränkung nennen, also eine Willensverschränkung auf geringer Intensitätsstufe[24].

a) Die Konsultationsbefugnis

Zur staatstheoretischen Analyse der „anhörenden Willensverschränkung" ist zunächst darauf zu verweisen, daß es sich bei allen Vorlagen der Exekutivorgane, die zu beraten bzw. zu kontrollieren sind, um Gegenstände eines „objektiv notwendigen Willens" handelt, d. h. um ein Wollen, das unter Ausschaltung subjektiv-persönlicher Interessen und in Bindung an die zu entscheidenden Sachprobleme deren gegenwärtig bestmögliche und daher notwendige Lösung durchsetzen will. Durch die vertraglich festgelegte Konsultationsbefugnis des Europäischen Parlamentes verschränkt sich mit diesem Willen ein allgemeiner subjektiver Wille, insofern als in der parlamentarischen Erörterung geprüft wird, ob das als objektive Notwendigkeit Vorgeschlagene von den Vertretern des Volkes in subjektiver formeller Freiheit angenommen wird. Es geht darum, ob das, was die Exekutivorgane als objektive Notwendigkeit beschließen wollen, auch von dem allgemeinen Willen in seiner subjektiven formellen Freiheit gewollt wird, und zwar, indem sich entweder die Mehrheit damit identifiziert oder indem durch die Erörterung eine Identifikation mit Teilen der Vorlage stattfindet.

Rechtskonsequenzen hat der Ausgang solcher parlamentarischer Erörterungen nicht, weil die Verabschiedungskompetenz beim Ministerrat liegt. Wirksam ist jedoch die politische und moralische Bedeutung der „anhörenden Willensverschränkung". Damit tritt zugleich eine Bedeutung des Parlamentes in den Vordergrund, die staatsrechtlich immer mit dem Parlamentarismus verbunden ist, oft aber eine zu geringe Beachtung erfährt, nämlich eine Kontrollfunktion durch seinen Charakter als Öffentlichkeit. Deren Wert unterschätzt Ipsen, wenn er die Gesetzgebungsfunktion des Parlamentes als „funktionell-elementar" bezeichnet und kritisch bedauernd feststellt, daß „die Erfahrung der Staatspraxis lehrt, daß die gesetzgeberische Tätigkeit der Parlamente

---

[23] *Harald Giselbert Kundoch* in: Die Konstituierung des Europäischen Parlamentes, KSE 23, S. 12.

[24] Freilich findet durch das Doppelmandat eine Rückkoppelung zum nationalen Parlament statt, die juristisch nur schwer faßbar ist, aber politisch wirksam werden kann. Mit den Direktwahlen wird das Doppelmandat fakultativ, so daß diese Rückkoppelung selten werden könnte. Die erwartete Befugniserweiterung des EP kann diese Verringerung der Rückkoppelung kompensieren.

weitgehend auf die Initiative der Regierung zurückgeht"[25] und nach seiner Ansicht durch Umstände bewirkt worden ist, die „außerhalb des normierten Verfassungsrechtes" liegen. Auch außerhalb der EG stehen also im Vordergrund der Gesetzgebungstätigkeit Probleme, für deren gesetzliche Regelung es des technischen Apparates und des Sachverstandes einer Ministerialbürokratie bedarf. Insofern ist eine behutsamere Kritik an der mangelhaften Kompetenzausstattung des EP geboten.

Was bedeutet die Kontrollfunktion?

Sie äußert sich in der juristisch rein formalen Teilnahme an der europäischen Gesetzgebung, während sie material durch die öffentliche Diskussion der exekutiven Maßnahmen und in den schriftlichen und mündlichen Anfragen wirksam wird. Als stärkste Maßnahme solcher Kontrolle kann die in Artt. 24 Abs. II EGKSV, 144 EWGV, 114 EAGV festgelegte Möglichkeit eines Mißtrauensvotums gegenüber der Kommission angesehen werden. Die Funktion des Parlamentes besteht hier in der Ausübung seines Charakters als „konstitutionalisierte Öffentlichkeit"[26], und mit den oben geschilderten Befugnissen hat das EP dafür eine juristische Ausstattung in den Verträgen erhalten. Anhörende Willensverschränkung heißt für das EP Verschränkung eines öffentlich kontrollierenden Parlamentswillens (als Repräsentation der subjektiven formellen Freiheit der Regierten) mit dem beschließenden Exekutivwillen (als Ausdruck des objektiv Notwendigen).

Gemessen an dem Parlamentarismus westlicher Demokratien ist diese Kompetenzausstattung des EP weniger umfassend. Georges Vedel nennt dafür zwei Gründe: Einerseits war die Institutionalisierung

---

[25] Vgl. *H. P. Ipsen* in: Europäisches Gemeinschaftsrecht, S. 502/503. Ähnlich *Klaus von Beyme*, der auf die veränderten Funktionen der Parlamente in allen Mitgliedstaaten hinweist und zwar auf eine Entwicklung, die im Gegensatz zur tradierten Legislativfunktion die Kommunikationsfunktion des Parlamentes verstärkt, in: Grundtendenzen in der Entwicklung der Funktionen des Parlamentes in Westeuropa, S. 1 (Symposion über die europäische Integration und die Zukunft der Parlamente in Westeuropa). Siehe auch Einleitung zum Vedel-Bericht in: Bulletin-Beilage 4/72, S. 9: „Die Vorschläge des Berichtes gelten hauptsächlich der Gestaltung der parlamentarischen Kontrolle und betreffen daher die Ausweitung der Befugnisse des EP, den Kernpunkt des Auftrages der Gruppe ... Die Frage der parlamentarischen Kontrolle darf jedoch nicht isoliert betrachtet werden; infolgedessen war es erforderlich, das Blickfeld zu erweitern und sich mit den Änderungen im gesamten institutionellen System zu befassen." Vgl. schließlich *Ch. Sachsse*, der zu Recht Wandlungen der Parlamentsfunktionen betont, freilich dann inkonsequent in seinen Schlußfolgerungen wieder auf tradierte Vorstellungen zurückgreift und die Verabschiedungskompetenz für das EP fordert. In: Der parlamentarische Charakter des EP und die Gewaltenteilung in den Europäischen Gemeinschaften, S. 52.

[26] Vgl. *Juergen Habermas* in: Strukturwandel der Öffentlichkeit, S. 253, sowie *Gerhard Leibholz* in: Strukturwandel der Demokratie, S. 94 - 96.

eines mit weitreichenden Kompetenzen ausgestatteten Parlamentes im Zeitpunkt der Gemeinschaftsgründung politisch nicht durchsetzbar, weil dies den supranationalen Charakter der Gemeinschaft zu sehr betont hätte. Andererseits wäre nach seiner Ansicht die Einbeziehung einer parlamentarischen Diskussion in die Gesetzgebungsarbeit nicht förderlich gewesen für die damals vordringliche Notwendigkeit rascher Lösungen und Entscheidungen auf technischem und wirtschaftlichem Gebiet. „... das europäische Aufbauwerk war nicht in der Lage, sofort aus dem Parlament Nutzen zu ziehen[27]."

Ist es die Aufgabe des Parlamentes, (1) zur subjektiven Freiheit zu erheben, was den exekutiven Institutionen als notwendig erscheint, (2) durch Öffentlichkeit eine gewissenhafte, staatsdienliche Gesetzgebung zu gewährleisten, (3) Probleme ungelöst zur Sprache zu bringen, — dann war bei Vertragsschluß offenbar im Rahmen der EG-Probleme das öffentliche Bewußtsein für (1) nicht genügend vorbereitet, als daß davon die Verabschiedung der EG-Gesetzgebung abhängig gemacht werden konnte. Jedoch konnte die Erörterungskompetenz (2) und (3) darauf vorbereiten und in ihrem Rahmen parlamentarisch wirksame Arbeit leisten.

2. Kompetenzerweiterung des Europäischen Parlamentes durch interinstitutionelle Vereinbarungen[28]

Die in den Verträgen vorgesehene Entwicklung zur Vergemeinschaftung und der damit gegebene Schwund an faktischer Beteiligung nationaler Parlamente zur Legitimierung von Gemeinschaftsakten[29] führte zur Stärkung des Organs, das durch Willensverschränkung (wenn auch unvollkommen) in die Willensbildung eingefügt war und geeignet erscheinen mußte, frei werdende demokratische Legitimierungsbefug-

[27] *Georges Vedel* in: Parlamentarismus und europäische Integration, S. 79.

[28] Zur Bedeutung solcher interinstitutioneller Vereinbarungen auf Gebieten, auf denen Vertragsänderungen noch nicht möglich erscheinen, unter dem Gesichtspunkt größerer Flexibilität vgl. *Claus-Dieter Ehlermann* in: Die Vorschläge der Kommission zur Stärkung des Parlamentes, EA 1973, S. 820 ff. (826), sowie den Bericht der Gruppe *Vedel*, Bulletin-Beilage 4/72, S. 84. Kritisch dazu *Roland Bieber* in: Organe der erweiterten Gemeinschaft, Das Parlament, S. 98.

[29] *R. Bieber*, op. cit., S. 22: „Genau genommen besteht dieser Mangel (sc. das ‚demokratische Defizit' — *Naßmacher*, Demokratisierung, S. 8) aus einem Verlust demokratischer Absicherung auf der Ebene der Mitgliedstaaten. Die fortlaufende Einschränkung der Handlungsmöglichkeiten nationaler Parlamente ... erfolgt zugunsten des Gemeinschaftsgesetzgebers." Die Übertragung weiterer Haushaltsbefugnisse an das EP steht im Zusammenhang mit dem Beschluß zur Finanzierung aus Eigenmitteln. Seitdem war eine Kontrolle des Haushaltes durch die nationalen Parlamente nicht mehr möglich, darüber hinaus konnten und wollten die europäischen Institutionen nicht länger als Bittsteller der Nationalstaaten auftreten (vgl. *G. Zellentin*

nisse zu übernehmen, sc. des Europäischen Parlamentes. Der Rat konnte einer solchen Entwicklung gelassen zusehen oder sie fördern. Er konnte der Verantwortung für die Gemeinschaft, die er durch seine Verabschiedungskompetenz hatte, in seiner Doppelfunktion als Gemeinschaftsorgan und als Repräsentation nationaler Interessen ohnehin nur schwer gerecht werden. Die Kommission hingegen konnte darin die Stärkung eines spezifischen Gemeinschaftsorganes begrüßen, von der sie eine Stärkung ihrer eigenen Position und also eine Festigung ihres Durchsetzungsvermögens gegenüber dem Rat erwarten konnte.

a) Die Erweiterung der Haushaltsbefugnisse des Europäischen Parlamentes

Seit Bestehen parlamentarischer Systeme ist das Budgetrecht eine der wichtigsten parlamentarischen Befugnisse[30, 31]. Das EP hat durch den Budgetvertrag vom 22. April 1970[32] eine erhebliche Kompetenzerweiterung auf dem Gebiete dieses parlamentarischen Fundamentalrechtes erfahren. Der Vertrag bewirkte die Erweiterung der Befugnisse in zwei Phasen, die dem zweistufigen Übergang der Gemeinschaft zur Finanzierung aus Eigenmitteln (Beschluß vom 21. April 1970)[33] entsprechen. In einer Übergangsphase bis zum Ende des Haushaltsjahres 1974 wurden die Befugnisse des EP durch eine Änderung des Verfahrens und der Abstimmungsregeln erweitert und damit dem Ministerrat die Ablehnung von Änderungsvorschlägen des Parlamentes zum Haushaltsplan erschwert.

Seitdem wird unterschieden zwischen obligatorischen und nichtobligatorischen Ausgaben.

Das EP kann bei obligatorischen Haushaltsansätzen Änderungsvorschläge anbringen, die vom Rat mit qualifizierter Mehrheit abgelehnt werden können, sonst gelten sie als angenommen. Bei allen Ansätzen, die sich nicht zwingend aus den Verträgen oder aus sekundärem Gemeinschaftsrecht ergeben, also bei den sogenannten freien Ansätzen, kann das Parlament selbst Änderungen beschließen, die für Kommission und Rat verbindlich sind.

---

in: Budgetpolitik und Integration, S. 25). *Bieber* weist darüber hinaus darauf hin, daß die Mitgliedstaaten offenbar die Zustimmung zur Eigenfinanzierung der Gemeinschaften von der Kontrollmöglichkeit des Haushaltes durch das EP abhängig machten, op. cit., S. 78.

30 Vgl. *Roland Bieber*, op. cit., S. 74 sowie *Max Weber* in: Parlament und Regierung im neugeordneten Deutschland, Gesammelte Schriften, S. 327.

31 Zur historischen Entwicklung dieses Fundamentalrechtes verweisen wir auf *Karl-Heinrich Friauf* in: Staatshaushaltsplan im Spannungsfeld zwischen Regierung und Parlament.

32 Dok. Slg. S. 213.

33 JO 71 L 94/19.

Für unsere Thematik der Willensverschränkung bedeutet diese Befugniserweiterung: Aus der lediglich anhörenden Willensverschränkung ist eine partnerschaftliche Willensverschränkung geworden, bei der die Entscheidungsbefugnisse gleichgewichtig verteilt sind, insofern nach gemeinsamer Willensäußerung für die obligatorischen Ausgaben der Ministerrat und für die freien Ausgaben das Parlament die Verabschiedungskompetenz hat. Für die Entwicklung der Gemeinschaft scheint wichtig zu sein, daß damit der Ministerrat das bisher Erreichte stabilisieren und das Parlament die neuen Aufgaben einleiten kann.

Man kann einwenden — so z. B. Ipsen[34] — daß das Parlament mit der Entscheidung über die freien Haushaltsansätze lediglich über ca. 5 % des Gesamthaushaltes zu befinden hat. Ist die Erweiterung der Haushaltsbefugnisse also doch nicht als ein so wichtiger Kompetenzgewinn anzusehen? Die Kritiker beachten u. E. nicht genug, daß auch die nationalen Parlamente bei der Aufstellung des Haushaltsplanes nur eine Manövrierbreite von 5 - 10 % haben, d. h. ihre Bindung an früher erlassene Gesetze fast ebenso groß ist wie die des Europäischen Parlamentes[35].

Die damit erreichte Willensverschränkung ist geeignet, auch der weiteren Integration förderlich zu sein. Die Minister haben nunmehr bei der Beratung des Haushaltsplanes nicht mehr Rücksicht auf die nationalen Parlamente zu nehmen (diese mußten die notwendigen Mittel vorher durch ihren eigenen Haushaltsplan bewilligen), sondern sie müssen nun den Willen eines Gemeinschaftsorgans (sc. des Europäischen Parlamentes) beachten und verstärkt eine gemeinschaftsfördernde Finanzpolitik und Finanzwirtschaft betreiben. Die Entwicklung des Budgetrechtes ist ein Musterbeispiel für die Wirkung der Willensverschränkung im Institutionenrecht der EG, weil hier deutlich wird, daß aus der Willensverschränkung heraus integrationsfördernde Dynamik und demokratisierende Prinzipien für die Gemeinschaft erwachsen sind. Sie zeigt zugleich, wie durch sie europäische und nationale Interessen in einen dialektischen Prozeß des übergreifenden Ausgleichs hineingestellt werden.

b) Die Erweiterung der Konsultationsbefugnisse des EP durch sog. „praktische Maßnahmen", durch das Verfahren Luns und durch das „Konzertierungsverfahren"

Der u. a. aus dem Prinzip der Willensverschränkung zu begreifende Prozeß der Demokratisierung und weiteren Integration zeigt sich auch

[34] *H. P. Ipsen* in: Europäisches Gemeinschaftsrecht, S. 335.

[35] *R. Bieber*, op. cit., S. 90, sowie *Elena Bubba* in: La mission du Parlement européen, S. 71.

dort, wo das Europäische Parlament durch interinstitutionelle Vereinbarungen eine Erweiterung seiner Konsultationsbefugnisse erfährt, selbst wenn diese Erweiterung relativ schmal ist gegenüber dem Kompetenzzuwachs im Bereich des Budgetrechtes. Im Gegensatz zu der Entwicklung der Willensverschränkung im Budgetrecht von einer anhörenden zu einer mitentscheidenden Willensverschränkung bleibt es vorerst bei den nun zu behandelnden Erweiterungen der Mitwirkung des EP an der Gesetzgebungsarbeit bei der Konsultationsbefugnis, nur wird diese von einer formellen zu der Möglichkeit einer effizienten Anhörung erweitert.

aa) Die sogenannten „praktischen Maßnahmen"

Bei den sogenannten „praktischen Maßnahmen"[36] geht die Initiative von der Kommission aus, die mit dem EP vereinbart, (1) die Konsultation des EP im Bereich der EGKS-Gesetzgebung zu erweitern, (2) das EP an dem Abschluß von Handelsabkommen teilnehmen zu lassen, und vorschlägt, (3) bei Gesetzen von weitreichender Bedeutung eine zweite Lesung für die Fälle einzuführen, in denen die Stellungnahme des EP von den Vorstellungen des Ministerrates abweicht, und endlich (4) bei dem Vertragserweiterungsverfahren nach Art. 235 EWGV die Diskussion zwischen EP und Ministerrat solange fortzuführen, bis sich eine Einigung abzeichnet. Da die Fälle (1) und (2) in die Zuständigkeit der Kommission fallen[37], war die Verabredung mit dem Parlament ohne weiteres rechtsgültig, während die Vorschläge zu (3) und (4) in die Kompetenz des Ministerrates fallen und von ihm abgelehnt worden sind.

Die Kommission strebte damit eine quantitative Erweiterung der Willensverschränkung mit dem EP an, ohne qualitativ dessen Befugnisse zu vergrößern. Damit verbindet sie die Absicht, auch die Ratsbeschlüsse stärker mit dem Willen des Parlamentes zu verschränken, wobei der Rat vorerst diese Tendenz für sich nicht akzeptierte.

bb) Das Verfahren *Luns*

Das Verfahren *Luns*, eingerichtet im Februar 1964, benannt nach seinem Initiator, dem damaligen Außenminister Belgiens, ist eine Initiative des Ministerrates, um die Kontroverse mit dem EP über dessen Beteiligung an dem Abschluß von Assoziierungsabkommen beizulegen. Es erwächst also auch aus dem Verschränkungsproblem. Es geht dabei um den Zeitpunkt für die Konsultation des EP bei solchen Abkommen. Da eine Einschaltung des Parlamentes nach Paraphierung des Vertragstextes ohne Wirkung auf den Inhalt und das Zustandekom-

---

[36] Doc. Comm. 73/999 (1000).
[37] Vgl. Artt. 14 EGKSV, 113 EWGV.

men bleiben mußte, wurden folgende Vereinbarungen getroffen: (1) Die Möglichkeit einer Parlamentsdebatte bereits vor Eröffnung der Verhandlungen über das Assoziierungsabkommen wurde eingeführt, (2) die offiziöse Mitteilung des paraphierten Inhalts des Abkommens sollte durch die Kommission vor der endgültigen Unterzeichnung geschehen, (3) sodann sollte das übliche Konsultationsverfahren durch den Rat erfolgen, nach der Unterzeichnung, jedoch vor der Ratifizierung durch die Beteiligten. Wenn es hier auch bei der anhörenden Willensverschränkung bleibt, so tritt doch die Funktion des Parlamentes als „konstitutionalisierte Öffentlichkeit" einflußnehmend auf den Plan und bewirkt so eine quantitative Erweiterung des Einflusses für das Parlament.

cc) Das Konzertierungsverfahren

In Konsequenz der oben behandelten Erweiterungen der Budgetbefugnisse forderte das EP im Zusammenhang mit den Haushaltsverträgen von 1974 eine stärkere Beteiligung an der Beschlußfassung bei den allgemeinen Gesetzen, die finanzielle Auswirkungen haben, weil sonst die möglichen „freien Ansätze" eines Jahreshaushalts im Vorhinein durch Beschlüsse des Ministerrates verbraucht werden konnten, m. a. W. die Unterscheidung zwischen freien und obligatorischen Ansätzen vom Rat überspielt werden konnte, indem vor der Verabschiedung des Haushalts durch finanzwirksame Beschlüsse die Mittel der Gemeinschaft verplant werden konnten. Die Exekutivorgane gaben dem statt und räumten bei abweichender Stellungnahme zu einem kostenverursachenden Gesetz dem Parlament die Möglichkeit ein, sich durch einen Parlamentsausschuß, den sogenannten Konzertierungsausschuß, bei erneuter Beratung nunmehr aller drei Organe vertreten zu lassen. Sie gaben so dem Parlament ein zeitlich begrenztes Quasi-Vetorecht. Der Ministerrat behält freilich weiter die Möglichkeit der Verabschiedung eines von der Stellungnahme des Parlamentes abweichenden Beschlusses — wenn bei dem Konzertierungsverfahren keine Einigung erzielt worden ist, nach Monatsfrist —, jedoch zeigt sich gerade bei dem rechtlich schwachen Durchsetzungsvermögen des EP, was die Willensverschränkung zu leisten vermag: nämlich, daß zwei Institutionen aneinander verwiesen werden, zur Rücksichtnahme auf die Interessen der anderen aufgefordert sind und in dem Suchen nach den Gemeinsamkeiten einen Fortschritt im Sinne des Fundamentalwillens erzielen können.

c) Resümee

Kehren wir zum Ausgangspunkt unserer Überlegungen zurück: Wenn wir unter Willensverschränkung ganz allgemein die Verpflichtung eines Organs zur Beachtung oder Einbeziehung des Willens einer anderen

Institution bei der Willensbildung verstehen, dann wird aus den vorgenannten Verfahren eine Entwicklung deutlich, bei der die Willensbildung des Parlamentes auch materiell in die Beschlüsse der Exekutiven eingeht. Damit scheint der Weg vorgezeichnet zu sein, der die beiden exekutiven Organe in ihrer institutionellen Stellung beläßt und damit dem allgemeinen objektiven Willen der Gemeinschaft als Ausdruck zweckmäßiger Sachentscheidung große Bedeutung einräumt und zugleich durch eine Erweiterung der Konsultationsbefugnis auf ein Mitspracherecht hin diesen allgemeinen objektiven Willen auf einen allgemeinen subjektiven Willen hin bezieht, der es möglich macht, daß in der Gemeinschaft und in den Mitgliedstaaten das Notwendige in die subjektive formelle Freiheit übernommen, die EG also verstärkt parlamentarisch strukturiert wird.

3. Die Kontrollfunktion des EP

Die Verträge geben dem EP eine Reihe von Kontrollbefugnissen gegenüber der Kommission, nicht hingegen gegenüber dem Rat. Die faktische Wirksamkeit dieser Kontrollmittel wird in der Literatur immer wieder hervorgehoben[38], sie werden zwar nicht als vollwertiger Ausgleich für die fehlenden Legislativbefugnisse angesehen, aber als Anfang einer demokratischen Ordnung für die Gemeinschaft gewürdigt. Juristisch können diese Kontrollmittel wenig bewirken, politisch sind sie die entscheidenden Mittel für das Parlament, als „konstitutionalisierte Öffentlichkeit" zu wirken.

Die Kontrollbefugnisse des EP umfassen: (a) die schriftlichen und mündlichen Anfragen (Artt. 23 Abs. III EGKSV, 140 Abs. III EWGV, 110 Abs. III EAGV), (b) die Diskussion des Gesamtberichtes der Kommission (Artt. 24 Abs. I EGKSV, 143 EWGV, 113 EAGV), (c) das Mißtrauensvotum gegenüber der Kommission (Artt. 24 Abs. II EGKSV, 144 EWGV, 114 EAGV).

a) Die schriftlichen und mündlichen Anfragen

Die Zahl der schriftlichen und mündlichen Anfragen ist seit Beginn der Gemeinschaftstätigkeit erheblich gestiegen, in der Sitzungsperiode 1973/74 erreichten sie die Anzahl von 763[39]. Seine besondere Bedeutung gewinnt dieses Kontrollmittel aus der Veröffentlichung der schriftlichen Anfragen und der darauf erfolgten Antworten im Amtsblatt des Europäischen Parlamentes gemäß Art. 45 Abs. II der Geschäftsordnung des EP, so daß sich „dieses an sich schwache Mittel zur demokratischen Kontrolle"[40] zu einem recht effektiven Überwachungsmittel der Exekutiven

[38] *R. Bieber*, op. cit., S. 31, *Manzanarès* in: Le Parlement Européen, S. 224.
[39] *R. Bieber*, op. cit., S. 50.

entwickeln konnte[41]. Zur Frage steht, ob für die Wirksamkeit dieses Kontrollmittels der Willensverschränkung besondere Bedeutung zukommt.

Was findet bei den Anfragen statt?

Die Kommission muß sich vor einer breiten Öffentlichkeit, die weit über das Parlament hinausgeht, den Unterlassungs- und Begründungsfragen der Parlamentarier stellen und also sagen, warum sie gewisse, vom Parlament als notwendig angesehene Probleme noch nicht aufgegriffen hat und warum Entscheidungen getroffen worden sind, die so nicht im Sinne des Parlamentes sein können. Dabei findet eine sehr subtile Form der Willensverschränkung statt, in der Weise, daß die Kommission bei allem, was sie tut oder unterläßt, die Willensbildung des Parlamentes voraussehen oder inoffiziell erkunden muß, um sich politisch den Fragen gegenüber behaupten zu können. Das Recht auf Anfrage hat keine juristische Konsequenz, wohl aber eine politische, und man könnte sie eine „vorauszusehende" Willensverschränkung nennen, weil jeweils der mögliche, sich später in den Anfragen äußernde Wille des Europäischen Parlamentes vorhergesehen werden muß, wenn sich die Kommission politisch behaupten will und es zu einer gedeihlichen Zusammenarbeit mit dem Parlament kommen soll.

b) Die Diskussion des Gesamtberichtes der Kommission

Die Kommission hat jährlich einen Tätigkeitsbericht vorzulegen, der nach Artt. 24 Abs. I EGKSV, 143 EWGV, 113 EAGV auch Gegenstand parlamentarischer Diskussion ist. Vor den Römischen Verträgen, als die Kommission noch die Verabschiedungskompetenz hatte, war hiermit die einzige Möglichkeit für ein Mißtrauensvotum verbunden. Seitdem sind die Diskussion des Gesamtberichtes und das Mißtrauensvotum voneinander getrennt durchführbar. Bei der Diskussion des Gesamtberichtes findet in verstärktem Maße die vorherzusehende Willensverschränkung statt, die schon beim Fragerecht diskutiert wurde, d. h. die Kommission[42] steht bei allen Aktivitäten unter dem Zwang, diese jährlich vor dem Parlament vertreten zu müssen, und diese Aussicht bringt eine Verschränkung des objektiv notwendigen Willens der Exekutive mit dem subjektiv freien Willen des Parlamentes hervor, wenn auch die Wirksamkeit dieser Verschränkung (d. h. ihre Auswirkungen auf die praktische Politik) von dem Weitblick der Kommission, von ihrem Willen auf Zusammenarbeit mit dem Parlament und von ihrer politischen Sensibilität bezüglich öffentlicher Kritik abhängt.

---

40 *Gerda Zellentin* in: Budgetpolitik und Integration, S. 57.

41 *Elena Bubba*, op. cit., S. 43.

42 Freilich ist hier zu bedenken, ob durch die Diskussion des Gesamt-

c) *Das Mißtrauensvotum*

Die EG-Verträge sehen in Artt. 24 Abs. I EGKSV, 144 EWGV, 114 EAGV vor, daß das Parlament die Kommission jederzeit durch ein Mißtrauensvotum ihres Amtes entheben kann. Die Unzufriedenheit des Parlamentes kann sich auf die Verwaltungstätigkeit oder auf die Gesetzesvorlagen beziehen. Bisher wurden insgesamt drei Mißtrauensanträge im Parlament gestellt, jedoch fand keiner die erforderliche Mehrheit (Zweidrittel der abgegebenen Stimmen und mindestens mehr als die Hälfte des Parlaments). Verstehen wir das Mißtrauensvotum als einschneidendste Maßnahme kontrollierender Willensverschränkung, dann ist damit zugleich gesagt, daß Kontrolle und Kritik, die im Nachhinein geschehen, mit sich bringen, daß die Exekutiven allein verantwortliche Instanzen sind, die unter sich eine Willensverschränkung haben, dergestalt, daß sie nur zusammen wollen können. Ihnen gegenüber besitzt das Parlament aber kein Weisungsrecht, so daß sie also auch ohne Zustimmung des Parlamentes wollen können. Die mit dem Amt Betrauten sind kritisierbar, nicht lenkbar, das macht ihren Verantwortungsspielraum aus (vgl. oben b). Ist dergestalt für einzelne Handlungen nur jene vorherzusehende Willensverschränkung gegeben, so kommt mit dem Mißtrauensvotum eine Willensverschränkung inhaltlicher Art in Sicht, bei der es um die Verantwortung der Kommission als Ganzer geht. Das Parlament hat in dieser Willensverschränkung nur die Möglichkeit, die Kommission als Ganze, nicht personelle Gruppen oder einzelne Entscheidungen zu wollen oder zu verneinen. „Das ist", wie Werner von Simson in anderem Zusammenhang bemerkt[43], „eine demokratisch höchst bedeutsame Konfiguration der Willensbildung", bei der ein Willensgefüge die Verschränkung bildet. Die Ernennung einer neuen Kommission ist — wie schon die Betrauung der alten — Sache des Ministerrates. Auch für die nach dem Mißtrauensvotum ernannte Kommission gilt die mit der Möglichkeit des Mißtrauensvotums gegebene Form der Willensverschränkung, nämlich Zusammenarbeit und damit Anerkennung im Ganzen bis zur Ablehnung im Ganzen[44]. Wenn wir in diesem Zusammenhang an die oben dargelegte Willensverschränkung zwischen Kommission und Ministerrat erinnern, sehen wir, daß diese Konfiguration es mit sich bringt, daß ein Höchstmaß an Verantwortlichkeit gegeben ist, die jedoch ihre zeitliche Grenze erreicht hat und jederzeit erreichen kann, wenn es zu einem Mißtrauensvotum kommt, und so Machtgewährung auf Abruf bedeutet. Diese Machtgewährung auf

---

berichtes nicht auch eine indirekte Kontrolle des Ministerrates vollzogen wird.

[43] Vgl. *Werner von Simson* in VVDStRL 29, S. 34.

[44] Im Unterschied zum konstruktiven Mißtrauensvotum nach Art. 67 GG der BRD fehlt dem EP die Möglichkeit der Einflußnahme auf die Zusammensetzung der neuen Kommission.

Zeit wird, wenn wir an die Zusammensetzung des EP denken, daran gemessen werden müssen, ob es der Kommission gelingt, gemeinschaftliche und nationale Interessen zu einem solchen Ausgleich zu bringen, daß die Gemeinschaft sich integrativ entwickelt, indem das Erreichte gefestigt wird, Neues in Angriff genommen werden kann, und die Souveränität der Mitgliedstaaten im Ganzen unangefochten bleibt[45].

V. Die vertikale Willensverschränkung bei der Bildung des Europäischen Parlamentes

1. Die Verschränkung des Wählerwillens mit dem Willen des Gewählten

Jeder Mitgliedstaat designiert aus seinem Parlament eine bestimmte in den Verträgen festgelegte Anzahl von Abgeordneten, in der Regel nach dem Parteienproporz (Artt. 21 EGKSV, 138 EWGV, 108 EAGV) für das Europäische Parlament. In Kürze sollen die Mitglieder des Europäischen Parlamentes durch Direktwahlen ihr Mandat erhalten, wobei die Modalität zunächst den Mitgliedstaaten überlassen bleibt, insbesondere die Entscheidung über die Zulässigkeit des Doppelmandats[46].

Daß das demokratische Prinzip in der EG nur in einem Repräsentativsystem praktikabel ist, bedarf keiner Begründung[47]. Damit ist aber eine Verschränkung von Wählerwillen und Willen des Gewählten institutionsrechtlich festgelegt. Im Unterschied zu den nationalen Parlamenten findet die Abordnung zum EP durch Organe statt, die ihrerseits durch den Volkswillen bestimmt wurden. Bis jetzt kann daher Abgeordneter des Europäischen Parlamentes nur sein, wer durch Wahl in ein nationales Parlament eine Vertretungslegitimation für den Volkswillen erhalten hat[48], die durch die Abordnung zum Europäischen Parlament erweitert wird.

Die Abgeordneten des Europäischen Parlamentes handeln im eigenen Willen (Art. 4 der Geschäftsordnung des EP gibt ihnen ein freies Mandat), zu Wollenden werden sie durch ihr nationales Parlament und in

[45] Wir übersehen dabei nicht die Kritik, die sich allerorts hören läßt (vgl. z. B. *Ch. Sasse* in KSE 22, S. 82), daß nämlich die Möglichkeit des Mißtrauensvotums ohne Wirkung bleibe, solange das EP keinen Einfluß auf die Neubesetzung der Kommission nehmen könne. Freilich erscheint es unrealistisch, daß sich der Rat auf Dauer einer Konfliktsituation gegenüber dem Parlament aussetzen würde, wenn es um die Zusammensetzung der neuen Kommission geht. Er würde kaum eine unveränderte Kommission bestellen.

[46] Vgl. den „Akt zur Einführung allgemeiner unmittelbarer Wahlen der Abgeordneten des EP" veröffentlicht in EA 1976 D 568.

[47] *Werner von Simson* in: VVDStRL 29, S. 31.

[48] Vgl. die Formulierung in Art. 138 Abs. I EWGV: „... à désigner en leur sein ..."

diesem wiederum durch die sie tragende politische Gruppierung, indirekt jedoch und potentiell durch den Volkswillen selbst. Eine solche Ordnung war 1952 die einzig mögliche[49] und daher geschichtlich notwendig, wenn man davon ausgeht, daß die demokratische Aufgabe darin besteht, „das politische Leben, die Sachkenntnis, den zusammengefaßten Herrschaftswillen ... in eine Form zu bringen, in der eine Wahl möglich ist"[50]. Es scheint die Zeit reif zu sein, eine andere Form zu praktizieren, die der Direktwahl[51].

Nach Artt. 20 EGKSV, 137 EWGV, 107 EAGV ist der europäische Parlamentarier Vertreter seines Volkes, er hat also die Europa-Politik seines Landes und die Interessen seines Staates zu vertreten, gleichzeitig vertritt er alle Bürger Europas. Aber welches sind die Richtlinien für die Vertretung seines Landes?

Sind dafür maßgeblich die Vorstellungen seines Parlamentes (nicht seiner Fraktion), das ihn entsandt hat?

Wird an ihn die Erwartung geknüpft, dessen Politik im Europäischen Parlament zur Sprache zu bringen, und zwar nicht nur die, die auf die nationalen Interessen bezogen ist, sondern auch dessen Europa-Politik?

Der europäische Parlamentarier ist Träger eines freien Mandats (vgl. Art. 4 GO EP). Ist er in dieser Eigenschaft nicht nur seiner Überzeugungstreue verpflichtet? Und gründet diese nicht in seiner politischen Überzeugung, die weithin mit der seiner politischen Freunde, d. h. seiner Fraktion und seiner Partei übereinstimmt?

Dieser Konflikt ist bei den Abgeordneten der jeweiligen Regierungsparteien durch die Willensverschränkung zwischen der Regierung und der sie tragenden Fraktion leicht überwindbar, für den Oppositionspolitiker jedoch bietet sich ein weit gespannter Rahmen für seine Verantwortung. Durch das Doppelmandat, das seine Begründung in der Notwendigkeit demokratischer Legitimierung der Abgeordneten hat, ist der europäische Parlamentarier als Repräsentant seines Volkes immer zugleich seiner Partei und seinem Staat verpflichtet[52]. Der eigene Wille ist daher nach beiden Richtungen verschränkt, und der Abgeordnete muß sich daran messen lassen, wie er diesen Konflikt löst. Die

---

[49] *Georges Vedel* in: Parlamentarismus, S. 79.

[50] *Werner von Simson* in VVDStRL 29, S. 32.

[51] Zur Problematik der Direktwahlen vgl. auch *Thomas Läufer* in: 12 Fragen zur Direktwahl, Bonn 1977.

[52] Weil er in allen Fragen, die über die gemeinsame politische Willensbildung hinausgehen, sich entscheiden muß, ob er die politische Überzeugung durchsetzen soll, die er mit seinen Gesinnungsfreunden teilt, oder aus seinem Staatsbewußtsein heraus für eine gemeinsame nationale Politik eintreten soll, oder ob er schließlich den europäischen Gesamtinteressen auch gegen die nationalen den Vorrang gibt.

Verschränkung des Parlamentariers nach beiden Seiten hin bietet für die jeweiligen Oppositionsparteien die große Chance, im Europäischen Parlament durch wechselnde Koalitionsbildung Vorstellungen zur Geltung zu bringen, die sich im heimischen Parlament nicht realisieren lassen. In dieser Möglichkeit liegt für den Abgeordneten zugleich die Grundlage seiner Unabhängigkeit. Er ist aus dem Willen derer, die ihn betraut haben, entlassen. Er kann sogar eine Europa-Politik vertreten, für die kein organisierter politischer Wille eintritt. Bei dieser Willensverschränkung handelt es sich um eine „ausschließende" dergestalt, daß alle Entscheidungen, die der Parlamentarier vier Jahre lang trifft, von dem ihn wählenden Bürger und von den abordnenden Organen wirkungsvoll erst bei der Neuwahl bzw. der erneuten Abordnung beurteilt werden, ein Urteil, das durch die öffentliche Meinungsbildung nicht unerhebliche Impulse bekommt. Mit der bevorstehenden Direktwahl zum EP ist die Frage verbunden, wie weit der Wählerwille ohne Zwischenschaltung von entsendenden Organen die Kontrollfunktion bei der Neuwahl sachgerecht ausüben kann angesichts der Fülle der Interessenkumulation, ob also dann eine Verschränkung zwischen dem Willen des Wählers und dem des Gewählten weiterhin stattfindet. Das ist zugleich die Frage nach der Europamündigkeit der Bürger in den Mitgliedstaaten.

Ist die Mündigkeit eine Verantwortlichkeit, die sich im Vollzuge mündiger Handlungen herausbildet und entwickelt, so daß Mündigkeitsrechte immer auf Vertrauen und Zukunft gegeben werden müssen, oder verlangt Mündigerklärung zuvor empirische Indizien, so daß relativ risikolos Mündigkeitsrechte zuerkannt werden können?

Wird der Bürger der Mitgliedstaaten europamündig, wenn er das Wahlrecht für das europäische Parlament bekommt, oder sollte er es erst bekommen, wenn er europamündig geworden ist?

Die europäischen Organe haben auf Vorschlag des Parlamentes sich für die Direktwahl entschieden und damit die unmittelbare Willensverschränkung zwischen dem Willen des Wählers und dem Willen des Gewählten im neuen Europäischen Parlament konstituiert; aus der indirekten Legitimation durch den Wählerwillen wird eine direkte. Ob die konstituierte Willensverschränkung auch wirklich stattfindet, daran entscheidet sich die Wirksamkeit eines europäischen Parlamentarismus.

2. Das Problem des Doppelmandats

Nach dem Vertrage zur Einführung allgemeiner unmittelbarer Wahlen der Abgeordneten des EP vom 20. September 1976 ist das Doppelmandat fakultativ geworden; damit verändert sich die mit dem Doppelmandat gegebene zweidimensionale Willensverschränkung zu einer eindimensionalen hin. Bei der Beurteilung der damit gegebenen Probleme muß davon ausgegangen werden, daß sich im Doppelmandat eine Struktur widerspiegelt, die durchgängig das Institutionenrecht bestimmt, nämlich die dialektische Bezogenheit von nationalstaatlicher und gesamteuropäischer Willensbildung. Diese Struktur zeigte sich entweder durch Willensverschränkung zweier Organe, bei der jedes Organ vornehmlich eine Seite des dialektischen Verhältnisses zu vertreten hatte, oder in der Verantwortlichkeit der gleichen Organe oder Personen für beide Belange. Eine solche Struktur würde mit der Aufhebung des Doppelmandats aufgegeben und zu ihrer Wiederherstellung würde die Forderung nach einer zweiten Kammer notwendig werden. Das Verschränkungsproblem zwischen den beiden Kammern, die dann das demokratische Prinzip in der Europäischen Gemeinschaft verkörpern, zu erörtern, wäre im gegenwärtigen Zeitpunkt ein zu weit vorausschauendes Unterfangen.

Viertes Kapitel

Willensverschränkung beim Europäischen Gerichtshof

I. Besonderheiten der Rechtsprechung des Europäischen Gerichtshofes

1. Abgrenzung zu herkömmlicher internationaler Gerichtsbarkeit

Es gehört zu der Besonderheit des europäischen Integrationskonzeptes, daß ein eigener Europäischer Gerichtshof (EuGH) geschaffen wurde, obgleich schon der Internationale Gerichtshof (IGH) in Den Haag existiert, der für alle Streitigkeiten aus völkerrechtlichen Verträgen zuständig ist. Das Nebeneinander beider Gerichtshöfe zeigt, daß die vertragschließenden Staaten ihren Zusammenschluß grundsätzlich nicht im Sinne traditioneller völkerrechtlier Vereinbarungen verstanden haben, wobei nicht nur eine andere Zielsetzung, sondern auch eine andere Struktur der vertraglichen Bindung eine eigene Gerichtsbarkeit notwendig zu machen schien.

Wurde oben dargetan, daß ein wesentliches Strukturelement im Institutionenrecht der EG die Willensverschränkung ist, so wird nun zu erörtern sein, ob sich die Verwendung dieses Rechtsinstruments auch bei der Arbeit des EuGH nachweisen läßt und welche Wirkung und Bedeutung ihm hierbei zukommen.

Zur Verdeutlichung dafür, daß es sich beim EuGH und IGH um zwei in ihren Kompetenzen und Einflußbereichen unterschiedene Gerichtsbarkeiten handelt, sei darauf hingewiesen, daß auch die Mitgliedstaaten der EG den IGH im Haag anrufen können, wenn über Streitigkeiten zu entscheiden ist, die sich aus der Auslegung von Vereinbarungen außerhalb der Europäischen Gemeinschaftsverträge ergeben[1]. Der EuGH sichert nach Art. 164 EWGV „die Beachtung des Rechtes bei der Interpretation und Anwendung der Verträge“. Er ist also für die Meinungsverschiedenheiten, die sich aus der Anwendung der Europäischen Gemeinschaftsverträge zwischen den Mitgliedstaaten ergeben, ausschließliche und obligatorische Gerichtsbarkeit.

---

[1] z. B. bei der Auseinandersetzung um die Fischereizonen, bevor im Dezember 1976 ihre gemeinschaftliche Regelung in Angriff genommen wurde.

Die Bedeutung des EuGH für die Zielsetzung der Verträge, nämlich die europäische Integration zu fördern, wird in der Literatur einmütig hervorgehoben, obgleich ihm als Institution zunächst eine solch einflußreiche Stellung nicht zugedacht war. Nur bei der Analyse der Tätigkeit des EuGH kommt ein so kompetenter, freilich auch kritischer Beobachter und Beurteiler wie Ch. Sasse zu einer positiven Wertung einer europäischen Institution[2]. Er sieht nämlich im Gerichtshof das einzige Organ, das integrierend und so im Sinne der Verträge auf die Entwicklung der Gemeinschaften gewirkt hat und zwar dadurch, daß durch ihn mit europäischer Gesinnung und Zielsetzung, unter besonderer Beachtung der Präambel des EWG-Vertrages Recht gesprochen wird[3].

Formal und äußerlich zeigt die Wirkungsweise des EuGH eine ungewöhnliche Tatsache: obgleich der EuGH keine Vollstreckungsmacht besitzt, also auf die freiwillige, wenn auch juristisch zwingende Unterwerfung der Beteiligten unter seinen Rechtsspruch angewiesen ist, hat seine Rechtsprechung grundsätzliche Beachtung durch die Mitgliedstaaten gefunden. Offenbar hat die europäische Gesinnung des EuGH moralisch so überzeugend gewirkt, daß im Allgemeinen ein Widerstand weder sinnvoll noch möglich erschien. Die Qualifizierung als freiwillige Unterwerfung ist ein politisches Urteil, ihm steht nicht entgegen, daß sich die Befolgung mit Rechtsnormen begründen läßt. Der beispielsweise für die Bundesrepublik Deutschland aus Art. 24 GG ableitbare Befolgungszwang kompetenzmäßiger Manifestationen der Gemeinschaftsorgane — hier des EuGH — begründet juristisch die Wirkung seiner Urteile. Er kann jedoch u. E. nicht im Sinne einer Monokausalität die Rechtsbefolgung absichern. Vielmehr bleibt die Gemeinschaft und so auch der EuGH auf die Loyalität der Mitgliedstaaten angewiesen[4]. Diese Ansicht findet im Institutionenrecht des EuGH ihre Bestätigung.

Die Arbeitsweise des EuGH ist nicht auf Rechtserzwingung konzipiert, sondern auf ein System der Verzahnung von Gemeinschaftsrecht und nationalem Recht, das wir als Ausdruck von Willensverschränkung verstehen. Wir denken dabei zunächst an das Vorlageverfahren, dann auch an das Vertragsverletzungsverfahren nach Art. 169 EWGV, wobei darauf hinzuweisen ist, daß die Verfahren nach Art. 169 EWGV, die sich unmittelbar gegen einen Mitgliedstaat richten, an der Gesamtheit der

---

[2] Vgl. *Ch. Sasse* in: Die institutionelle Fortentwicklung der EG, KSE 22, S. 67/68.

[3] Auf die europäische Gesinnung des EuGH weist auch hin *Gert Nicolaysen* in: Funktion und Bewährung der Judikative, EuR 1972, S. 379; zu einer ähnlichen Wertung vgl. *Werner von Simson* in: Der Gerichtshof und unbestimmte Rechtsbegriffe, KSE 1, S. 404 - 406.

[4] So auch *Werner von Simson* in: Festschrift, S. 94; *Manfred Zuleeg* in: Das Recht der Europäischen Gemeinschaften im innerstaatlichen Bereich, KSE 9, S. 20.

Urteile nur einen geringern Anteil haben. Die wesentlich zahlreicheren Vorlagebeschlüsse nach Art. 177 EWGV sind für die Arbeit des EuGH kennzeichnend geworden[5].

Mit dem Problem der Befolgung der Urteile des EuGH steht die Frage nach der Vorrangigkeit des Gemeinschaftsrechtes vor dem nationalen Recht in engem Zusammenhang. Der EuGH hat in den vier bekannten Entscheidungen[6] dazu zwar eindeutig Stellung genommen, deren Wirkung bliebe jedoch — weil nicht erzwingbar — möglicherweise deklaratorisch, wenn nicht das Verfahrensrecht selbst Instrumentarien böte, um das Anliegen der Mitgliedstaaten nach Unabhängigkeit ihrer Judikative zur Wirkung kommen zu lassen, indem das Verfahrensrecht nicht eine Rangordnung praktiziert, sondern das Verhältnis beider Rechtsordnungen im Vorlageverfahren durch Willensverschränkung strukturiert.

2. Willensintegration durch den EuGH

Bevor dieses Problem im einzelnen analysiert wird, ist eine Vorbemerkung notwendig. Der Begriff der Willensverschränkung ist vornehmlich entwickelt worden, um das Zusammenspiel unterschiedlicher politischer Willen zu kennzeichnen, wie es sich im Institutionenrecht der EG am augenfälligsten in der Zusammenarbeit von Kommission und Ministerrat zeigt. Bei den Urteilen des EuGH handelt es sich freilich nicht um eine politische Willensäußerung, sondern um den Versuch, im konkreten Fall von subjektiven Interessen abzusehen und den allgemeinen Willen für den konkreten Fall objektiv zur Wirklichkeit zu bringen. Dabei findet ein Akt der Willensintegration statt, indem der allgemeine Wille der Gemeinschaft und der in den Verträgen geschützte konkrete Wille des sein Recht suchenden Bürgers integriert und auf eine objektive Ebene gehoben werden, wobei das Interpretament der Fundamentalwille der Gemeinschaft ist.

Von der Verpflichtung zur objektiven Anwendung des Gemeinschaftsrechtes im konkreten Fall hat der EuGH zur Zeit der Montanunion mehr im wörtlichen Sinne Gebrauch gemacht und also den Vertragstext statisch ausgelegt. Inzwischen scheint sich das Bewußtsein durchgesetzt zu haben, daß der in der Präambel niedergelegte Fundamentalwille zur Gemeinschaft zu den objektiven Rechtsnormen der Verträge gehört

---

[5] Vgl. *J. Schwarze* in: Die Befugnis zur Abstraktion im europäischen Gemeinschaftsrecht, S. 113. ca. 2/3 aller Urteile des EuGH sind — abgesehen von Personalfragen — im Vorabentscheidungsverfahren ergangen. — Zur Frage der Bedeutung des Vorlageverfahrens für die Zukunft vgl. *Ch. Tomuschat* in: Die gerichtliche Vorabentscheidung nach den Verträgen über die Europäischen Gemeinschaften, S. 13.

[6] Vgl. 26/62 (van Gend & Loos); 6/64 (Costa/ENEL); 14/68 (Walt Wilhelm); 11/70 (Internationale Handelsgesellschaft).

und damit bei der Rechtsprechung eingebracht werden muß. Das sich daraus entwickelnde dynamische Verständnis der Verträge hat zu einer extensiven Auslegung der Verträge geführt, die in der Literatur allenthalben als integrationsfördernd anerkannt wird[7].

3. Die verfahrensmäßige Verschränkung beim Art. 177 EWGV

a) Abgrenzung zum Normenkontrollverfahren

Der Art. 177 EWGV verschränkt in seinen Absätzen 2 und 3 die gerichtliche Kompetenz der nationalen Rechtsprechung auf den Gebieten des Zivilrechts und des Verwaltungsrechts mit der gerichtlichen Kompetenz der EG, nämlich mit dem Europäischen Gerichtshof in Luxemburg, dergestalt, daß die unteren Gerichte der Mitgliedstaaten alle die Verträge betreffenden Fragen dem EuGH zur Interpretation vorlegen können, die letztinstanzlichen Gerichte hierzu sogar verpflichtet sind. Dies Verfahren wird als Vorlageverfahren bezeichnet[8].

Wenn es auch äußerlich einem Normenkontrollverfahren gleicht, wie es z. B. durch Art. 100 GG bekannt ist, so muß doch mit Nachdruck darauf verwiesen werden, daß ein wesensmäßiger Unterschied zwischen beiden Verfahren besteht[9]. Während nämlich das BVerfG nach Art. 100 GG die sogenannte Verwerfungskompetenz hat, d. h. Gesetze, die mit der Verfassung unvereinbar sind, für unanwendbar erklären kann, ist dem EuGH diese Befugnis nicht gegeben, vielmehr kann er lediglich verbindlich das Gemeinschaftsrecht auslegen, dem vorlegenden Gericht zur Verwendung zustellen und zur Pflicht machen[10]. Eine Verwerfung des nationalen Gesetzes ist ihm auch bei Unvereinbarkeit mit dem europäischen Gesetz nicht möglich, es wird lediglich für den Einzelfall die Auslegung entsprechend

[7] Vgl. etwa *Werner von Simson* in: Der Europäische Gerichtshof und unbestimmte Rechtsbegriffe, KSE 1, S. 405.

[8] Der Text sagt: „... une juridiction nationale dont les décisions ne sont pas susceptibles d'un recours juridictionnel de droit interne ..." Es war streitig, ob damit nur die höchsten Gerichte gemeint waren oder ob lediglich im Einzelfall der Rechtsweg erschöpft sein mußte, um die Vorlagepflicht zu begründen. Der EuGH hat in Selbstinterpretation sich für die zweite Lösung entschieden, und also alle im Einzelfalle letztinstanzlichen Gerichte zur Vorlage verpflichtet. Ausdrücklich hat er das in der Rechtssache 6/64 festgestellt, denn dort war die Berufung ausgeschlossen, weil der Streitwert des Verfahrens lediglich 1925 italien. Lira betraf. Krit. dazu *Dumon*, der aus pragmatischen Gründen der Arbeitsüberlastung die Vorlagepflicht auf die höchsten Gerichte beschränken will (Cours sur le recours devant la CJCE, année académique 1975/76, Bruges); wie der EuGH auch *H. P. Ipsen* in: Europäisches Gemeinschaftsrecht, S. 768; *C. D. Ehlermann* in: EuR 1970, S. 42, sowie *F. Ophüls* in: Festschrift für Walter Hallstein, S. 429. — Der Ansicht von Dumon neigt auch zu *Ch. Tomuschat*, op. cit., S. 44: Die Rechtseinheit, deren Wahrung vordringlichste Aufgabe des EuGH sei, könne durch Urteile unterer Gerichte nicht wesentlich gestört werden.

[9] Vgl. *Chr. Tomuschat*, Die Vorabentscheidung in den Verträgen über die Europäische Gemeinschaft, S. 10.

[10] *Ch. Tomuschat*, op. cit., S. 101.

der europäischen Norm bzw. deren Anwendung empfohlen. Schon hier wird deutlich, daß der EuGH nicht — wie das BVerfG — als höchstes Gericht in dem Staatenverbund der EG angesehen werden kann, sondern gerade das Verfahren nach Art. 177 EWGV die Eigenständigkeit und gegenseitige Unabhängigkeit der nationalen und der europäischen Rechtsordnung unterstreicht und bekräftigt.

b) Die unvermittelte Geltung des Gemeinschaftsrechtes

Während die Literatur Bedeutungsmaßstäbe für das Vorlageverfahren aus der besonderen Eigenart des Gemeinschaftsrechtes, und zwar (1) aus der unvermittelten Geltung und (2) aus einem Vorrang des Gemeinschaftsrechtes vor dem nationalen Recht zu gewinnen versucht, scheint im Unterschied dazu uns die im Vorlageverfahren stattfindende Willensverschränkung dessen Bedeutung wesentlich zu bestimmen.

(1) Die Theorie von der unvermittelten Geltung des Gemeinschaftsrechts im Recht der Mitgliedstaaten besagt, daß die Gemeinschaftsnormen nicht mehr — wie es bei völkerrechtlichen Normen der Fall ist — der parlamentarischen Transformation durch Ratifikation bedürfen, um Rechtsgeltung zu erlangen. Für eine Kategorie von Rechtssätzen hat der EWG-Vertrag dies ausdrücklich statuiert, indem er in Art. 189 Abs. II EWG-Verordnungen für unmittelbar anwendbar erklärt[11]. Allgemein wird diese unvermittelte Geltung als ein Merkmal der Supranationalität angesehen, die sich — so H. P. Ipsen — wesentlich in der Durchsetzbarkeit der gemeinschaftlichen Rechtsnormen im Recht der Mitgliedstaaten ausdrückt[12].

(2) Der angebliche Vorrang des Gemeinschaftsrechtes vor dem nationalen Recht wird in der Regel rein pragmatisch aus der „Notwendigkeit der Einheit des europäischen Rechtes“[13] gefolgert. Diese Einheit würde in dem Maße in Frage gestellt, wie im Konfliktfalle die nationalen Rechtsordnungen und nationalen Interessen sich einer vollen Verwirklichung des Gemeinschaftsrechtes widersetzen könnten[14]. Der EuGH begründet diesen Vorrang außerdem aus Art. 189 Abs. II EWGV. Denn nur wenn die Mitgliedstaaten nicht durch entgegenstehende nationale Gesetzgebung die Gemeinschaftsverordnungen der Wirksamkeit entheben könnten, könne sich die in Art. 189 Abs. II EWGV statuierte un-

[11] Vgl. auch Artt. 14 EGKSV; 161 Abs. II EAGV. — Allgemein und grundsätzlich zum Problem der Transformationslehre: *Karl Joseph Partsch* in: Die Anwendung des Völkerrechts im innerstaatlichen Recht, Berichte der Deutschen Gesellschaft für Völkerrecht, Heft 6.

[12] *H. P. Ipsen*, Europäisches Gemeinschaftsrecht, S. 69.

[13] So auch *E. Grabitz* in: Gemeinschaftsrecht bricht nationales Recht, S. 105.

[14] *P. Pescatore* in: Gemeinschaftsrecht und staatliches Recht in der Rechtsprechung des Gerichtshofes der Europäischen Gemeinschaften, NJW 1969, S. 2069.

mittelbare Geltung der Gemeinschaftsnormen im nationalen Recht verwirklichen[15].

c) Kritische Erörterung der These vom Vorrang des Gemeinschaftsrechtes

Die unvermittelte Geltung des Gemeinschaftsrechts im nationalen Recht kann nicht bestritten werden, und sie wird allenthalben praktiziert[16]. Hingegen bedarf der grundsätzliche Vorrang des Gemeinschaftsrechts einer Hinterfragung und differenzierten Betrachtung.

aa) Der Vorrang des Gemeinschaftsrechtes — eine petitio principii?

Die These von der Notwendigkeit einer einheitlichen Rechtsanwendung im EG-Bereich soll und kann nicht in Frage gestellt werden, sie dient auch uns als Ausgangspunkt unserer Überlegungen. Jedoch ist die gefolgerte Vorrangigkeit des EG-Rechts dafür nicht zwingend: Denn hier wird ein Rechtsinstrument — das der Vorordnung — postuliert, anstatt zunächst in den Verträgen selbst die Mittel zu einheitlicher Rechtsordnung zu suchen[17]. Es liegt hier u. E. eine „petitio principii" vor[18]. Statt dessen werden wir nachzuweisen versuchen, daß die Verträge das Rechtsinstrument der Willensverschränkung im Vorlageverfahren als wirksames Mittel anbieten, das jene These von der Überordnung unnötig macht und dennoch eine einheitliche Rechtsanwendung gewährleistet.

bb) Legitimationsproblematik

Es ist auch nicht einleuchtend, warum die Mitgliedstaaten die Vorrangigkeit parlamentarisch nur mittelbar und daher ungenügend legitimierter Normen gegenüber ihrem eigenen Recht ohne weiteres anerkennen sollten. Bezüglich der Bundesrepublik Deutschland kann die Legitimation durch Art. 24 GG dafür auch nicht als ausreichend angesehen werden[19, 20].

---

[15] z. B. in der Rechtssache 6/64 (Costa/ENEL), Slg. 1964, S. 1159.

[16] *H. P. Ipsen* in: Festschrift für Ulrich Scheuner, S. 224.

[17] Damit wird nicht verneint, daß die Verträge Möglichkeiten zur Rechtsangleichung bieten, indem sie sie Rechtsinstrumentarien der Verordnung und der Direktive anbieten. Hier geht es demgegenüber um die Durchsetzung der einheitlichen Rechtsanwendung schon bestehender Rechtssätze.

[18] Vgl. *H. Wagner*, op. cit., S. 282, sowie *G. Köpernik* in: Die Ausweitung der Rechtssetzungsbefugnisse, S. 106.

[19] Zur Begründung sei auf das zunehmende Unbehagen in der Literatur bezüglich der Anwendung des Art. 235 EWGV hingewiesen, vgl. etwa *Ch. Tomuschat* in EuR 1976, Sonderheft, S. 5 ff. sowie *U. Scheuner*, EuR 1976, Sonderheft, S. 19.

[20] Zur Frage der Vorrangigkeit des Gemeinschaftsrechtes haben *H. P. Ipsen* und *Erich Bülow* auf der Bensheimer Tagung grundsätzlich und unter umfassender Darstellung der unterschiedlichen Begründungen in der Litera-

cc) Kollisionsmöglichkeiten

Darüber hinaus ist es unmöglich, alle Rechtssetzungen der Mitgliedstaaten durch legislative Akte jeweils auf das Gemeinschaftsrecht abzustimmen, so daß die unvermittelte Geltung des Gemeinschaftsrechtes im nationalen Recht (die dieses von völkerrechtlichen Vertragswerken unterscheidet) eine hohe Kollisionsmöglichkeit in sich trägt.

d) Problematik der Gesetzesanpassung

Es mußte ein Modus gefunden werden, um die Geltung des Gemeinschaftsrechtes im nationalen Recht zu gewährleisten und zwar unabhängig von der jeweiligen Bereitschaft oder auch Möglichkeit der Mitgliedstaaten, die nationalen Gesetze zugunsten des Gemeinschaftsrechtes außer Kraft zu setzen. Dabei sollte und durfte die judikative Unabhängigkeit der Mitgliedstaaten nicht beeinträchtigt werden und gleichwohl die Gemeinschaftsordnung im Konfliktfalle nicht wirkungslos werden. Selbst bei bestehender Bereitschaft ist die Möglichkeit der Gesetzesanpassung recht gering. Für die Mitgliedstaaten ist es nahezu unmöglich, im Gesetzgebungswege den ständigen Veränderungen im Verhältnis von Gemeinschaftsrecht und nationalem Recht nachzuspüren, insbesondere die Auswirkungen neuer Rechtssetzungen der EG auf das nationale Recht auszumachen oder die Veränderungen zu berücksichtigen, die sich aus dem jeweiligen Integrationsfortschritt ergeben oder aus dem in den Verträgen selbst genannten Fristablauf, wodurch es zu abgestufter Auslegung von Vertragsnormen und damit zu deren unterschiedlichen Auswirkungen im nationalen Recht kommen kann.

---

tur Stellung genommen. Während *Bülow* von einer Auslegung der Kompetenznormen ausgehend im Wege der Rechtsfortbildung daraus den Vorrang des Gemeinschaftsrechtes ableitet und weiter einen faktischen Vorrang des Gemeinschaftsrechtes aus der Vermutung ableitet, daß der nationale Gesetzgeber das Gemeinschaftsrecht nicht verletzen wolle und somit eine gemeinschaftskonforme Auslegung von scheinbar gemeinschaftswidrigen Gesetzen postuliert, leitet *Ipsen* den Vorrang aus der besonderen Normqualität des Gemeinschaftsrechtes ab, „aus seiner unantastbaren Eigenart, in der Gemeinschaft ganzheitlich und einheitlich zu gelten". Diese besondere Eigenart wiederum entspringt aus dem obersten Leitprinzip, der Sicherung der Funktionsfähigkeit der Gemeinschaften. Beide gehen damit von zwar wünschenswerten, aber eben doch zunächst nur proklamierten Grundsätzen aus, ohne auf das besondere Verfahren des Art. 177 EWGV und die darin praktizierte Verschränkung des nationalen und des gemeinschaftlichen Willens hinzuweisen. Gerade in der verfahrensrechtlichen Regelung des Verhältnisses von Gemeinschaftsrecht zu nationalem Recht scheint uns jedoch eine dauerhaftere und praktikablere Lösung zu liegen, indem so der nationale Richter im Zweifelsfalle nach supranationalem Recht sein Urteil fällt. — Vgl. *H. P. Ipsen* in Zeitschrift für das gesamte Handelsrecht, Beiheft Bd. 29, S. 1 ff. sowie *Erich Bülow*, Zeitschrift für das gesamte Handelsrecht, Beiheft Bd. 29, S. 29 ff.

e) Die Unabhängigkeit der nationalen und der gemeinschaftlichen Judikative

Angesichts dieser Problematik will Art. 177 Abs. II und III EWGV über das Vorlageverfahren zwei Rechtsgrundsätze festhalten, aufeinanderbeziehen und miteinander verschränken: (1) Die Unabhängigkeit und Eigenständigkeit der beiden Rechtsordnungen und beider Judikativen sollen gewahrt bleiben[21]. (2) Gleichzeitig soll die einheitliche Anwendung des Gemeinschaftsrechts ermöglicht werden, indem allein der EuGH befugt ist, in verbindlicher Weise Gemeinschaftsrecht zu interpretieren. Die prinzipielle Unabhängigkeit der an der Verschränkung beteiligten Organe hat Werner von Simson als konstitutiv für die Rechtsfigur der Willensverschränkung hervorgehoben[22]. Gemäß seinen Ausführungen ergibt sich die Notwendigkeit der Unabhängigkeit aus der nur begrenzt möglichen juristischen Kompetenz und Aufgabenstellung der einzelnen Organe. Erst dort, wo sich die Entscheidungsbereiche überlagern, findet Willensverschränkung in dem Sinne statt, daß die eine Institution die Entscheidung der anderen Institution berücksichtigt beziehungsweise in ihre eigene Entscheidung einbezieht. Denn nur so können in so komplexen Sachverhalten wie z. B. dem Ineinandergreifen zweier eigenständiger Rechtsordnungen sachlich richtige Entscheidungen getroffen werden.

Angewandt auf unsere Überlegungen über den EuGH bedeutet das: Die Systematik des Art. 177 Abs. II und III EWGV sieht eine Verschränkung von nationaler Rechtsprechung mit dem Gemeinschaftsrecht in allen Fällen vor, in denen der nationale Richter glaubt, in der Entscheidung eines bei ihm anhängigen Verfahrens eine gemeinschaftsrechtliche Norm anwenden zu müssen, für deren Interpretation er in Zweifelsfällen nicht mehr zuständig ist, sondern die Richter des EuGH. Es verschränkt sich hier die ausschließliche Kompetenz des nationalen Richters zur Anwendung nationalen Rechtes und zur Streitentscheidung mit der alleinigen Kompetenz des EuGH zur Interpretation von Gemeinschaftsrecht. Dabei hat sich der EuGH auf die Auslegung der ihm vorgelegten Norm zu beschränken, d. h. er hat seine Auslegungsentscheidung so abstrakt zu halten, daß sie die Grenze zur Rechtsanwendung nicht überschreitet[23]. Über die Anwendung der Vorschrift auf die konkrete Rechtsproblematik hat dann wieder der nationale Richter zu be-

---

[21] *A. Migliazza* in: La Cour de Justice et le droit interne des Etats membres, KSE 1, S. 143.

[22] *Werner von Simson* in VVDStRL 29, S. 32 - 34.

[23] Vgl. *Ch. Tomuschat*, op. cit., S. 102, sowie *Knopp* in: Über die Pflicht deutscher Gerichte zur Vorlage von Auslegungsfragen an den Gerichtshof der Europäischen Gemeinschaften JZ 1961, S. 308.

finden. Freilich wenn er die Norm anwendet, muß er die für ihn verbindliche Auslegung des EuGH zugrundelegen[24].

Dieses Zusammenwirken der nationalen Gerichte mit dem EuGH hat sich bisher für die Integration als sehr konstruktiv erwiesen, weil den Urteilen des EuGH ein gewisser, über den konkreten Fall hinausweisender normativer Charakter nicht abzusprechen ist[25]. Die anläßlich des verschränkenden Vorlageverfahrens ergangenen Urteile zur Auslegung von Gemeinschaftsrecht haben darüber hinaus im weiten Umfang subjektive Rechte des EG-Bürgers begründet, die dieser vor den nationalen Gerichten gegenüber seinem eigenen Staat durchzusetzen in der Lage ist[26], und haben damit dem Gemeinschaftsrecht zu einer größeren Durchsetzungskraft verholfen. Diese häufig zur Begründung von Wesen und Wirkung des Vorlageverfahrens herangezogene These kann u. E. jedoch nur vordergründig zur Beschreibung der Bedeutung des Vorlageverfahrens dienen. Das wesentlichere Resultat liegt in der Erkenntnis, daß sich hier zwei Rechtsordnungen im judikativen Bereich verschränken, so daß das Postulat einer Rangordnung zwischen den sich verschränkenden Rechtsordnungen überflüssig wird. Die mit der Theorie von der Vorordnung des Gemeinschaftsrechts notwendig verbundene Vorstellung einer Willenshierarchie im Bereich der Rechtsprechung wird durch die Willensverschränkung ersetzt.

---

[24] *Ch. Tomuschat*, op. cit., S. 171.

[25] Str.: *F. Dumon* in Rev. int. de droit comparé 1962, S. 377 sowie *Ehle* in NJW 1963, S. 937 bestätigen die schon von *Bärmann* in JZ 1959, S. 558 vertretene These, daß die Entscheidungen von Auslegungsfragen als authentische Interpretation und damit als Normsetzung zu betrachten sei; a. A. *Ch. Tomuschat* op. cit., S. 185, der die Aufgabe des EuGH darin sieht, dem nationalen Richter eine klare Anweisung für den konkreten Einzelfall zu geben, und weiter vorbringt, daß es dem EuGH möglich sein müsse, seine einmal getroffene Entscheidung zu revidieren und abzuändern. Das wäre bei streng normativem Charakter seiner Beschlüsse nicht möglich. Zur Verdeutlichung dieser Problematik sei auf *J. Schwarzes* Abhandlung über „Die Befugnis zur Abstraktion im europäischen Gemeinschaftsrecht" hingewiesen. Zutreffend schildert *Schwarze* das Verfahren selbst, indem er zeigt, daß der Gerichtshof einerseits seiner Interpretation den konkreten Fall zugrundelegt, um dem nationalen Richter eine Entscheidungshilfe zu geben, gleichzeitig jedoch die Auslegung in ihrer Formulierung so abstrakt zu halten versucht, daß diese auf eine Vielzahl gleich — oder ähnlich gelagerter Fälle anwendbar zu sein scheint, um die Entscheidung des nationalen Richters nicht zu präjudizieren; daraus wird deutlich, daß hier eine allgemeine, konkrete Willensäußerung vorliegt, op. cit., S. 55/56. Vgl. auch *H. J. Mestmäcker* in: Europäisches Wettbewerbsrecht, S. 39. Gerade im Rahmen dieser Problematik erscheint uns eine Strukturanalyse angebracht, die zu dem Begriff der Willensverschränkung führen muß und die einleuchtend machen kann, daß beide Judikativen ihre Unabhängigkeit wahren können und daß dennoch ein „einheitliches Recht gesprochen werden kann, selbst dann wenn Gemeinschaftsrecht und nationales Recht nicht aufeinander bezogen sind.

[26] Vgl. *H. P. Ipsen* in: Festschrift für Ulrich Scheuner, S. 224: „... der Mitgliedstaat wird in dieser Weise kraft Gemeinschaftsrecht seinen eigenen Staatsangehörigen gegenüber verantwortlich."

II. Der Vollzug der Willensverschränkung in der Rechtsprechung des EuGH

1. Inhaltliche Willensverschränkung beim EuGH

a) Der Marktbürger als Angehöriger zweier Rechtsordnungen

Nicht nur die verfahrensrechtliche Willensverschränkung ist erheblich, um deren Wirkungsweise im Bereich des EuGH ausreichend verstehen zu lehren. Bei der Arbeit des Gerichtshofes kommt es letztlich — wie bei jeder Entscheidung — auf die Rechtssubstanz an, die leitend ist, und darauf wie sie sich durchsetzt. Erst die Erörterung der inhaltlichen Willensverschränkung kann die Art der Rechtswillen (Modalanalyse) zeigen, die sich bei der Arbeit des EuGH verschränken, und damit die Bedeutung, die die Willensverschränkung im Vorlageverfahren für die Integration bekommen hat, sichtbar machen.

In der Literatur wurde bisher die Wirkung des Gerichtshofes und des Art. 177 Abs. II und III EWGV im Wesentlichen pragmatisch beurteilt. So Constantinesco[27], der die vornehmliche Bedeutung der europäischen Rechtsprechung darin sieht, daß der einzelne, der originär an der nationalstaatlichen Rechtsordnung teil hat, durch Art. 177 EWGV des ungeachtet, vorrangig die ihm aus den Verträgen zukommenden und also ihm von der Gemeinschaft zugesprochenen subjektiven Rechte durchsetzen kann und zwar auch gegenüber der Rechtsordnung seines Nationalstaates. So auch Werner von Simson[28] und Joseph H. Kaiser[29], die das Konstitutive der individuellen Rechtspositionen für den Gemeinsamen Markt herausstellen und deren weitere Stärkung durch den EuGH fordern. Solche Positionen bedürfen der Hinterfragung und Einordnung in das gesamte Rechtssystem. Sonst wäre allzuleicht daraus die zugespitzte These abzuleiten, daß der Bürger im Konfliktfalle zunächst Angehöriger der EG-Rechtsgemeinschaft und erst sekundär der Rechtsordnung seines Mitgliedstaates unterworfen ist, jedenfalls in den Bereichen, in denen die EG die Regelungskompetenz übernommen hat. Eine solche hierarchische Kompetenzabstufung der beiden Rechtssysteme (Gemeinschaftsrecht und nationale Rechtsordnungen) entspräche nicht dem Sinn der EG-Verträge, nach denen der Bürger eben an beiden Rechtsordnungen gleichzeitig und in gleicher Rechtsbindung teil hat.

---

[27] *Léontin Constantinesco* in: Die unmittelbare Anwendbarkeit des Gemeinschaftsrechtes und der Rechtsschutz des einzelnen im Recht der EG, S. 95.

[28] *Werner von Simson* in: Zur Kritik am Rechtsschutz in den Europäischen Gemeinschaften, DVBl 1966, S. 656.

[29] *Joseph H. Kaiser* in: Das Europarecht in der Krise der Gemeinschaften, EuR 1966, S. 10.

b) Die Diskussion der grundlegenden Entscheidung

Die Willensverschränkung ist durch den EuGH in ihrer heute gültigen Form zuerst in der Entscheidung 26/62 (van Gend & Loos ./. Niederländische Finanzverwaltung) realisiert worden. Es handelte sich um ein Vorlageverfahren nach Art. 177 EWGV, bei dem erstmals für Recht erkannt wurde, daß eine Vertragsnorm — im speziellen Fall Art. 12 EWGV — im nationalen Recht unmittelbar anwendbar ist und daß der nationale Richter diese im Rechtsstreit anzuwenden habe, selbst wenn nationalstaatliche Gesetze entgegenstehen.

Die Begründung ist hinreichend wissenschaftlich diskutiert worden. Hier kommt es auf die Legitimation und Legalität dieses Urteils an: Dem EuGH dient als Interpretament — im vorliegenden Fall für die Auslegung des Art. 12 EWGV — die Präambel des EWG-Vertrages, in der die Mitgliedstaaten die allgemeine Zielsetzung der EG festgelegt und sich darauf verpflichtet haben[30]. (In unserer Terminologie handelt es sich um den Fundamentalwillen zur Gemeinschaft und der Gemeinschaft.) Dieses Interpretament hat die Eigentümlichkeit, (1) von den nationalen Parlamenten demokratisch legitimiert zu sein und also (2) ein erklärter Wille der Nationalstaaten zu sein, der von einem Gemeinschaftsorgan verwaltet wird.

Auf den sein Recht suchenden Bürger bezogen bedeutet das: Der Bürger wird nicht aus seiner nationalen Rechtsordnung herausgelöst und in eine supranationale Rechtsordnung eingefügt, sondern kraft des Urteilsspruches des EuGH erhält der Bürger im Streit um zwei Rechtsnormen, die beide von seinem nationalen Parlament legalisiert sind, den Zugang zu der Rechtsordnung, die als Gemeinschaftsrecht sich darstellt und ihn unmittelbar und ohne Zwischenschaltung der nationalstaatlichen Legislative betreffen kann und soll. Damit vermag er sich als Individuum gegenüber seiner konkreten nationalen Gesetzgebung mit Hilfe eines konkreten Gemeinschaftsrechtes durchzusetzen, das seinerseits wieder auf dem Rechtsweg der Präambel der Verträge auch als nationaler Rechtswille aufgefaßt werden kann und wird.

c) Die Verschränkungsproblematik beim Vorlageverfahren

Dabei verschränken sich die verschiedenen Rechtsebenen, die im einzelnen zu analysieren sind: (1) Das oberste Prinzip der gemeinschaft-

[30] Vgl. Rechtssache 26/62, Slg. 1963, S. 23: „attendu que l'objectif du traité CEE qui est d'instituer un marché commun dont le fonctionnement concerne directement les justiciables de la Communautéimplique que le traité constitue plus qu'un accord qui ne créerait que des obligations mutuelles entre les Etats contractants, que cette conception se trouve confirmée par le préambule qui au delà des gouvernements vise les peuples et de façon plus concrète par la création des organes qui institutionalisent des droits souverains dont l'exercice affecte aussi bien les Etats Membres que les citoyens ...“

lichen Rechtsordnung, zu der sich alle Mitgliedstaaten verpflichtet haben, ist das in der Präambel zum EWG-Vertrag festgelegte Ziel des supranationalen Zusammenschlusses. Es dient dem EuGH als Interpretament für Vorlagen, die die Anwendbarkeit konkreter EG-Beschlüsse auf strittige Anliegen eines Bürgers behandeln und bei denen das konkrete nationale Recht andere Aussagen macht als es in den EG-Beschlüssen festgelegt ist. Dieses oberste Prinzip kann als der Fundamentalwille der Mitgliedstaaten zur Gemeinschaft bezeichnet werden und wird als solcher vom EuGH verwandt, und zwar als oberster Rechtsgrundsatz[31]. (2) Im Streitfalle geht es jeweils um zwei konkrete Rechtswillen, den der EG und den des Mitgliedstaates, deren Priorität und deren Modalität bei der Anwendung strittig sind. Im Urteil des EuGH darüber verschränkt sich der Fundamentalwille zur bzw. der Gemeinschaft mit dem allgemeinen Willen der EG-Gesetzgebung. Damit wird ausgesagt, was zu einem bestimmten Zeitpunkt der eigentliche konkrete Wille der Mitgliedstaaten ist und zwar im Gegensatz zu dessen tradierter Rechtsnorm bzw. als zweckdienlich erscheinenden Gesetzgebung, die noch nicht auf den neuen mit den Verträgen beginnenden Rechtswillen abgestimmt ist. (3) Ausgelöst wird die Vorlage durch einen aktuellen Willen, nämlich die Entscheidung über einen konkreten Fall. Der sich in der aktuellen Einzelfallentscheidung zeigende konkrete Wille wird vom nationalen Richter mithilfe der Interpretation des EuGH mit dem eigentlichen, durch den Fundamentalwillen sichtbar gewordenen allgemeinen Willen des Mitgliedstaates verschränkt und im Gegensatz zu dem unverschränkten, positiv formulierten „Buchstaben" des einzelstaatlichen Gesetzes zur Durchsetzung gebracht.

2. Die Bedeutung des Fundamentalwillens für das Vorlageverfahren

Die Mitgliedstaaten konnten und wollten offenbar nur durch eine abstrakte Willensäußerung das Ziel des zwischenstaatlichen Zusammenschlusses bestimmen. Werner von Simon führt das in seiner Begründung auf die unterschiedliche Interessenlage und die unterschiedliche Hoffnung auf bestimmte Resultate dieses Zusammenschlusses zurück[32], pointiert formuliert auf eine de facto bestehende Uneinigkeit der vertragschließenden Partner über die konkreten Einzelschritte zum Aufbau eines einheitlichen Europa, das aber alle wollten. Durch diesen abstrakt formulierten und scheinbar zwischen allen übereinstimmenden

[31] Vgl. dazu *Werner von Simson* in: Zur Kritik am Rechtsschutz in den Europäischen Gemeinschaften, DVBl 1966, S. 655.

[32] Vgl. *Werner von Simson* in: Die Marktwirtschaft als Verfassungsprinzip in den Europäischen Gemeinschaften, Zur Einheit der Rechts- und Staatswissenschaften, S. 57.

Fundamentalwillen wurden die konkreten Unterschiede überdeckt. Sie auszugleichen sollte der geschichtlichen Entwicklung vorbehalten bleiben, als deren wirkungsvollstes Instrument sich der Gerichtshof erwiesen hat.

a) Der abstrakte Einigungswille und die nationale Gesetzgebung

Gerade wegen des nur abstrakt formulierten Einigungswillens kann es aber im Einzelfalle zum Konflikt zwischen Gemeinschaftsrecht und nationalem Recht kommen. Wie ist das begründbar?

Die tradierte einzelstaatliche Gesetzgebung als Ausdruck des konkreten Willens der Mitgliedstaaten ist naturgemäß nicht immer vereinbar mit dem neuen, bei Vertragsschluß erklärten Fundamentalwillen und auch nicht mit dem sich aus dem Fundamentalwillen entwickelnden allgemeinen Gemeinschaftswillen in Form der einzelnen Vertragsnorm. Es sind drei Möglichkeiten denkbar, in denen sich nationales Recht und Gemeinschaftsrecht unvereinbar gegenüberstehen:

(1) Wenn die vor Inkrafttreten der Gemeinschaftsverträge bestehenden Gesetze trotz ihrer Unvereinbarkeit mit dem Gemeinschaftsrecht nicht so bald annulliert oder neu formuliert werden können. Als Beispiel sei das von Italien im Jahre 1938 erlassene Gesetz genannt, das eine Zollabgabe auf die Ausfuhr von Kunstwerken vorsah und damit nach Abschluß der Verträge dem Prinzip des freien Wahrenverkehrs nicht mehr entsprach. Es bedurfte eines zweifachen Rechtsspruches des EuGH aus den Jahren 1968 und 1971, bevor Italien dies Gesetz abschaffte. Der Versuch, das Gesetz durch Art. 36 EWGV zu rechtfertigen, war fehlgeschlagen. (2) Wenn sich die Handhabung der EWG-Verordnungen als fehlerhaft erweist bzw. wenn in praxi der Zweck der Verordnung nicht erreicht wird. Dabei liegt die Fehlerhaftigkeit oftmals darin, daß die nationalen Behörden sich bei der Durchführung des Gesetzes einen zu großen Ermessensspielraum einräumen, z. B. im Falle der Entscheidung 39/70 (Norddeutsches Vieh- und Fleischkontor GmbH gegen Hauptzollamt Hamburg). Die nationalen Behörden hatten sich bei der Durchführung der EG-Richtlinie betreffend die Einfuhr ausländischer Fleischwaren und Auszahlung einer vom Importeur zu hinterlegenden Kaution einen Ermessensspielraum insoweit eingeräumt, als sie die Auszahlung der Kaution noch von der gleichzeitigen Erfüllung des § 55 Abs. 2 des deutschen Zollgesetzes abhängig machten. Dieser § 55 Abs. 2 setzt die Vertrauenswürdigkeit des die Genehmigung beantragenden Unternehmens voraus und bedeutet mithin, daß hinsichtlich der Beurteilung der Vertrauenswürdigkeit die nationalen Behörden nach ihrem Ermessen handeln konnten. Hier geht es mehr um eine verständliche Interessenakzentuierung der Mitgliedstaaten zu

eigenen Gunsten vor den Gemeinschaftsinteressen durch Verwaltungsmaßnahmen. (3) Wenn nach Inkrafttreten der Verträge von den Mitgliedstaaten Gesetze erlassen werden, die offensichtlich den Vertragsnormen nicht entsprechen oder diese unterlaufen sollen. Versuchsweise werden solche Gesetze mit den allgemeinen Rechtsgrundsätzen begründet, so mit dem Grundsatz „lex posterior derogat legi priori", mit dem Belgien ein Gesetz begründen wollte, das eine Umlistung chemischer Produkte vorsah, so daß diese in eine höhere Zollklasse gelangten als in den für den allmählichen Zollabbau aufgestellten EG-Listen vorgesehen war. Gerade dieser Rechtsgrundsatz ist aber im Verhältnis von europäischem Recht zu nationalem Recht nicht anwendbar, da es sich nicht um gleichberechtigte oder gleichartige Normen handelt[33].

3. Die Vorzüge des Vorlageverfahrens

Angesichts der vielfältigen Möglichkeiten der Mitgliedstaaten, sich durch einzelstaatliche Gesetzgebung ihren Gemeinschaftsverpflichtungen zu entziehen, muß hier die Frage gestellt werden, warum die Einzelstaaten nicht durch ein Normenkontrollverfahren vor dem EuGH an solcher gemeinschaftswidriger Rechtssetzung gehindert werden.

a) Rechtssystematische Begründung des Vorlageverfahrens

Die Begründung ergibt sich positivistisch aus dem Wortlaut der Verträge, der statt dessen das Vorlageverfahren vorsieht, rechtssystematisch aber aus der eigentümlichen Zuordnung von Gemeinschaftsrecht und nationaler Rechtsordnung. Beide Ordnungen stehen eigenständig und nicht in hierarchischer Folge zu- bzw. nebeneinander. Durch die Einrichtung eines Normenkontrollverfahrens würde aber der Gerichtshof zu einer „Superrevisionsinstanz", indem er nämlich die nationale Gesetzgebung auf ihre Vereinbarkeit mit dem Gemeinschaftsrecht überprüfen könnte und somit die Verträge nicht nur für die Gemeinschaft, sondern auch für die Mitgliedstaaten verfassungsmäßigen Rang erhielten und die Kraft hätten, parlamentarische Gesetzgebung zu annullieren. Gerade diese Überordnung des Gemeinschaftsrechtes ist von den Verträgen nicht gewollt, und so bleibt der EuGH durch Art. 177 EWGV auf die Auslegungskompetenz beschränkt. In Abwendung der beschriebenen Schwierigkeiten und in Respektierung der Autonomie des Nationalstaates und seiner gesetzgebenden Körperschaften wird die Anwendung des Gemeinschaftsrechtes im Einzelfall dem nationalen Richter übertragen. Die von den Verträgen als notwendig gegebene Eigenständigkeit sowohl der Rechtsordnung der Gemeinschaft als auch

[33] *H. P. Ipsen* in: Europäisches Gemeinschaftsrecht, S. 278.

der der Mitgliedstaaten brachte im Bereich der Rechtsprechung die Verwendung eines rechtstechnischen Mittels zur Regelung der Zusammenarbeit mit sich, nämlich das der Willensverschränkung, für das das Vorlageverfahren in prozessualer Hinsicht die angemessene Form zu bieten scheint. Und umgekehrt: Die sich im Vorlageverfahren aussprechende Willensverschränkung sichert der Rechtsordnung der Mitgliedstaaten und der Gemeinschaft größtmögliche Eigenständigkeit bei gleichzeitiger optimaler Durchdringung.

b) Problematik des Vertragsverletzungsverfahrens

Bei anhaltendem Konflikt zwischen nationaler und europäischer Gesetzgebung kommt es freilich zum Vertragsverletzungsverfahren nach Art. 169 EWGV, bei dem die Gemeinschaft durch den EuGH einen Mitgliedstaat zur Änderung seiner Gesetzgebung auffordert oder nötigt. Es wird jedoch ein unmittelbarer Eingriff in die staatliche Souveränität auch dann vermieden, und er ist praktisch auch nicht möglich. Daher ist das Vertragsverletzungsverfahren ein langandauernder und und umständlicher Prozeß und wird oft aus Gründen politischer Opportunität unterlassen. Parallel dazu und schnelleres Recht für den Bürger schaffend ist das Vorlageverfahren, indem der einzelne die Möglichkeit bekommt, seine gemeinschaftsbezogenen Rechtspositionen unmittelbar durchzusetzen. Insofern bekommt die oben zitierte These von Werner von Simon, Kaiser und Constantinesco eine gewisse Bestätigung.

c) Analyse der Rechtsfigur, auf die der EuGH seine Interpretation stützt, bezogen auf die Willensverschränkung

Wie oben dargelegt verschränkt der EuGH durch seine Interpretation den Fundamentalwillen zur Gemeinschaft mit dem allgemeinen Willen der Gemeinschaft, und er kann die Anwendung dieses Gemeinschaftswillens dem nationalen Richter nahelegen, da der Fundamentalwille zur Gemeinschaft eben auch der Wille der Mitgliedstaaten ist. Er sagt damit aus, was der konkrete Wille des Einzelstaates, so wie er unter der Voraussetzung des Fundamentalwillens, zu dem sich der Einzelstaat durch Vertragsschluß und die Ratifizierung bekannt hat, bedeuten muß, wobei die Vorrangigkeit und Überordnung des Fundamentalwillens über den konkreten Willen vorausgesetzt wird. Der EuGH benutzt diesen für jenen als Interpretament. Hiermit ist eine Rechtskonstruktion gegeben, die wir als den „eigentlichen Willen der Mitgliedstaaten verstehen wollen und der vom EuGH festzustellen ist. Dieser unterscheidet sich vom „uneigentlichen“ Willen, der sich im konkreten Gesetz des Einzelstaates ausspricht.

In gewissem Sinne ist man versucht, auch vom Unterschied von „Geist und Buchstabe" des Gesetzes zu sprechen. Im Fundamentalwillen zur Gemeinschaft spricht sich der Geist oder der Sinn der einzelstaatlichen Rechtsordnung aus, während das geschriebene Recht, der Buchstabe also, im konkreten Gesetz der Mitgliedstaaten zu finden ist. Der Gerichtshof interpretiert aus dem Geist der Verträge den Buchstaben des konkreten Rechtswillens des Staates und verschränkt beide miteinander in dem Vorschlag, das Gemeinschaftsrecht anzuwenden.

d) „Geist und Buchstabe" des Gesetzes

Eine Unterscheidung zwischen zwei Willen, deren nur einer ein „objektiver" ist und die Zukunft eines Staatswesens, den Sinn des Gemeinschaftslebens oder den Geist des Rechtes zum Ausdruck bringt und darum als der „eigentliche" Wille gilt, von denen der andere, zeit- und interessengebundene nur die augenblickliche Opportunität ausspricht und darum als „uneigentlicher" Wille angesehen wird, gibt es in der Staatsphilosophie auf den verschiedenen Gebieten und zu den verschiedenen Zeiten häufig. Sie dient als Begründung für das demokratische Mehrheitsprinzip, durch das der „eigentliche" Wille gefunden wird, oder als Rechtfertigung dafür, wenn eine Willensbildung über die andere siegt. Nicht nur bei Jean Jacques Rousseau taucht diese Unterscheidung auf, sondern sie bestimmt auch das staatsphilosophische Denken von Immanuel Kant, Georg Friedrich Wilhelm Hegel, sie findet sich bei Karl Marx und dient auch Wladimir I. Lenin zur Begründung seiner Theorie von der Avantgarde. Wir können freilich bei unserer Thematik diese Gegenüberstellung zweier Willensbildungen, von denen nur die eine — mit unterschiedlicher Begründung — gültig und realisierbar sein kann, analog auf unsere Unterscheidung des eigentlichen vom uneigentlichen Willen anwenden, denn wir fragen nach der Auslegung zweier sich scheinbar gegensätzlich gegenüberstehender und dennoch aufeinander bezogener Willensäußerungen der gleichen Rechtsperson.

e) Der eigentliche und der uneigentliche Wille der Mitgliedstaaten

Der eigentliche Wille der Mitgliedstaaten kann sich nur in dem Fundamentalwillen zur Gemeinschaft ausdrücken, denn nur die Zugehörigkeit zur Gemeinschaft sichert heute die Überlebensfähigkeit des einzelnen Staates[34]. An diesem Willen nun muß sich alle Gesetzgebung messen lassen, und zwar in der Weise, daß diese Gesetzgebung in dem Falle, daß sie „scheinbar" der EG-Gesetzgebung entgegensteht, an dem

[34] Vgl. *Werner von Simson* in: Festschrift, S. 96/97.

Geist der Verträge gemessen und nach diesem interpretiert wird. So können dann gemeinschaftswidrig erscheinende Gesetze durch die Bestimmung dessen, was diese Gesetzgebung vernünftigerweise jetzt nur wollen kann, indem man sie auf den einmal erklärten Willen verweist, zu einer Bedeutung gebracht werden, die für den EG-Bereich eine gemeinschaftskonforme Auslegung und Anwendung sichert.

Der EuGH kann als das von der wechselnden Interessenlage („von der Staatsraison") der Mitgliedstaaten unabhängigste Organ angesehen werden[35] und vermag daher in relativ reiner Form den Fundamentalwillen im allgemeinen zur Geltung zu bringen. Indem er diesen Fundamentalwillen verschränkt mit dem allgemeinen Willen der Mitgliedstaaten, in dem Sinne, daß er deutlich macht, was diese unter der Voraussetzung der Gemeinschaftszugehörigkeit, also unter der Voraussetzung des Fundamentalwillens, nur wollen können, bestimmt der EuGH verbindlich die Bedeutung, die die Mitgliedstaaten durch den Zusammenschluß zur EG ihrer eigenen Rechtsordnung faktisch gegeben haben[36].

Es geht also im Vorlageverfahren nicht um die Frage der Vorordnung der einen vor der anderen Rechtsordnung, vielmehr um eine Bestimmung des objektiven Willensinhaltes der bei Vertragsschluß abgegebenen Willenserklärung der Mitgliedstaaten und die daraus folgende Inhaltsbestimmung des nationalen Rechtes und zwar durch die Verschränkung des allgemeinen Willens der Mitgliedstaaten mit dem Fundamentalwillen. Diese Verschränkung ist darüber hinaus geeignet, eine grundsätzliche Urteilsbindung der Mitgliedstaaten zu erreichen. Der Gerichtshof stellt durch die Verschränkung eine unmittelbare Relation her zwischen dem bei Vertragsschluß erklärten Fundamentalwillen und jeder aktuellen Einzelfallentscheidung und bindet so diesen aktuellen, der politischen Tagesmeinung unterliegenden und daher wechselhaften Willen unabdingbar an das erklärte Vertragsziel und hebt diesen gerade dadurch aus dem Wechsel der politischen Tagesmeinung heraus[37].

Indem so der Gerichtshof den Fundamentalwillen zum obersten Auslegungsprinzip für alles sekundäre Gemeinschaftsrecht macht, substituiert er den eigentlichen Willen der Mitgliedstaaten für deren uneigentlichen aktuellen Willen. Dieser sich im Einzelfalle als allgemeiner eigentlicher Wille erweisende, ist auch der einzige, der die Erstreckung

---

[35] Vgl. *Werner von Simson* in: Kritik am Rechtsschutz in den Europäischen Gemeinschaften, DVBl 1966, S. 654.

[36] So auch *P. Pescatore* in: Gemeinschaftsrecht und nationales Recht in der Rechtsprechung des Gerichtshofes der Europäischen Gemeinschaften, NJW 1969, S. 2065.

[37] *Werner von Simson* in: Festschrift, S. 93/95.

der einmalig im Zustimmungsakt erfolgten parlamentarischen Legitimation für sich in Anspruch nehmen und behaupten kann. Nur der einmal parlamentarisch legitimierte Wille kann den Maßstab bilden für alle konkreten Rechtssetzungen, die in Ausführung der Verträge erfolgen. Somit bekommt das Verfahren nach Art. 177 EWGV neben der vordergründigen Bedeutung für die subjektiven Rechte des einzelnen eine grundsätzliche Bedeutung für die Integration, indem der Gerichtshof anhand des Fundamentalwillens eine Inhaltsbestimmung des nationalen Rechtes vornimmt, die langfristig zu einer gegenseitigen Durchdringung und damit im echten Sinne zu einer Rechtsvereinheitlichung führen kann.

4. Ergebnisse

Resümieren wir unsere Untersuchungen über den EuGH, dann müssen wir feststellen, daß eine Fülle von strittigen Problemen, die sich bei der Beurteilung seiner Arbeit durch die wissenschaftliche Literatur zeigten, lösbar werden, wenn von der Erkenntnis ausgegangen wird, daß die Verträge diese Arbeit (a) formal und (b) substantiell durch das rechtstechnische Mittel der Willensverschränkung strukturiert haben.

a) Formale Willensverschränkung

(1) Die Frage nach der Vorrangigkeit von nationalem oder supranationalem Recht wird durch die verfahrensrechtliche Willensverschränkung aufgehoben und damit unerheblich. Konnte man für die Vorrangigkeit europäischen Gemeinschaftsrechts und damit auch für die Durchsetzungskraft der Beschlüsse des EuGH dessen eigene Selbstbestimmung ebenso wie etwa für die Bundesrepublik Deutschland den Art. 24 GG heranziehen, so könnte man zur Stützung der gegenteiligen These, nämlich einer etwaigen Vorrangigkeit des nationalen Rechtes, auf dessen parlamentarische Legitimation verweisen (die für das europäische Gemeinschaftsrecht nur ungenügend aus Art. 24 GG begründet werden kann). Als Indiz für immer noch bestehenden bzw. wieder aufkommenden Zweifel an der Theorie von der absoluten Vorrangigkeit des Gemeinschaftsrechtes sei noch auf den Beschluß des BVerfG vom 29. Mai 1974 verwiesen, der zu heftigen Erwiderungen Anlaß gab[38].

(2) Im übrigen gehört die Durchsetzbarkeit eines gegebenenfalls vorrangigen Gemeinschaftsrechtes so sehr in den politischen Bereich, daß eine Vereinseitigung des juristischen Standpunktes als „Abstrahieren von der politischen Wirklichkeit" erscheinen mußte. Demgegenüber zeigt sich vom Standpunkt der Willensverschränkung aus ein klareres

---

[38] Vgl. statt Vieler *H. P. Ipsen* in EuR 1975, S. 1 ff.

und eindeutigeres Bild, das bestätigt, daß Willensverschränkung nicht etwa in den Vertragstext über den EuGH hineininterpretiert wurde, sondern ihm inneres Leben und gemeinschaftsfördernde Wirkung gibt.

(3) Im übrigen wäre es für die Rechtssicherheit ein unhaltbares, für die Gesetzgebung ein unlösbares Problem, wenn die nationale Rechtsordnung in einen ständigen Prozeß der Anpassung an das sich entwickelnde Gemeinschaftsrecht verwickelt wäre, was angesichts einer Theorie der Vorrangigkeit des Gemeinschaftsrechtes unumgänglich gefordert werden müßte.

(4) Solchen Schwierigkeiten gegenüber konnte gezeigt werden, daß Eigenständigkeit und Unabhängigkeit beider Rechtsordnungen durch das rechtstechnische Mittel der Willensverschränkung prinzipiell gewahrt sind, und dennoch eine einheitliche Rechtsprechung dort gewährleistet wird, wo sich beide Rechtsordnungen überlagern. Beide rechtsprechenden Institutionen berücksichtigen die Entscheidung des Partners bei der eigenen Urteilsfindung und gelangen so zu einer einheitlichen Rechtsprechung, wo Gemeinschaftsrecht wirksam sein muß, ohne daß Kompromisse oder eine hierarchische Rangordnung beider Judikativen notwendig würden.

b) Inhaltliche Willensverschränkung

(1) Wenn im Einzelfall der Recht suchende Bürger glaubt, daß ihm Rechte nach der europäischen Gemeinschaftsordnung zustünden, die ihm von den nationalen Behörden verweigert werden, kann über das Vorlageverfahren sein Einzelfall nach einer allgemeinen Interpretation des Gemeinschaftsrechts, die der EuGH freilich mit Blick auf den Einzelfall gibt, durch ein nationales Gericht, das sich an diese Interpretation zu halten hat, entschieden werden. Damit hängt es von der Initiative des Bürgers ab, ob er bei der Beurteilung seines konkreten Falles die nationalstaatlichen Normen genügen lassen will, oder ob er Gemeinschaftsrecht für sich in Anspruch nehmen will.

(2) Wenn an das Gemeinschaftsrecht über ein nationales Gericht appelliert wird, dann verhindert die Willensverschränkung im Vorlageverfahren, daß eine andere gegebenenfalls höhere Rechtsordnung maßgeblich wird, vielmehr beurteilt der nationale Richter den konkreten Fall nach Maßstäben, die ihm der EuGH geliefert hat und die durch den Fundamentalwillen seines Staates zur Gemeinschaft ihre grundsätzliche Legitimation haben.

Er nimmt also ein Recht in Anspruch, das als „eigentlicher" zukunftsweisender Wille seines Nationalstaates schon festgelegt ist, das sich jedoch — aus Gründen, die oben dargetan worden sind — noch nicht in der allgemeinen Gesetzgebung seines Nationalstaates realisiert hat. Dieses neue Recht wird von dem nationalen Richter in freier und unabhängiger Judikative angewandt.

(3) Es wird durch diesen Akt der Verschränkung verhindert, daß im EuGH eine „Superrevisionsinstanz" entsteht, die mangels einer ihm zur Verfügung stehenden Exekutive relativ wirkungslos bliebe bzw. auf die Gutwilligkeit der nationalen Verwaltung angewiesen wäre, mit all den Schwierigkeiten, die sich verwaltungstechnisch daraus ergäben.

Demgegenüber wird der konkrete Fall durch die Verschränkung zwischen EuGH und nationalem Gericht von letzterem entschieden und von diesem zur Verfügung stehenden Vollzugsorganen durchgeführt. Durch Willensverschränkung spricht der nationale Richter nach supranationalem Recht sein Urteil.

(4) Wir haben oben (1. Kap. II 2 c, aa) zu erörtern versucht, daß die rechtstheoretische Bedeutung der Judikative darin besteht, den konkreten Fall nicht mehr nach seinem besonderen Interesse zu beurteilen, sondern nach einem allgemeineren Interesse zu entscheiden. Bei der nationalstaatlichen Gerichtsbarkeit vertritt ohne Frage das nationale Gericht das allgemeine Interesse, während der rechtsuchende Bürger das besondere Interesse durchzusetzen versucht. Auf einer höheren Relationsstufe bedeutet das, daß bei der Zuordnung von Gemeinschaftsrecht zu nationalem Recht dieses das allgemeine und jenes das besondere Interesse zum Ausdruck bringt. Wenden wir diese Betrachtung auf die Willensverschränkung im Vorlageverfahren an, dann hebt der EuGH die Rechtsproblematik des konkreten Falles von dem „besonderen Interesse" der nationalstaatlichen Rechtsprechung auf die Ebene des „allgemeinen Interesses" des Gemeinschaftsrechtes, an dem der Nationalstaat durch Bekundung seines Fundamentalwillens zur Gemeinschaft Anteil hat und auf der durch Willensverschränkung der nationale Richter sein Urteil findet.

III. Willensverschränkung im Vertragsverletzungsverfahren

Das Vertragsverletzungsverfahren nach Art. 169 EWGV ist in bezug auf die sich in ihm vollziehende Willensverschränkung als Umkehrung des Vorlageverfahrens und vom Standpunkt der Gemeinschaftsbindung als Negation des Vorlageverfahrens bzw. des in ihm stattfindenden Integrationsaktes aufzufassen. Geht es nämlich im Vorlageverfahren darum, das gemeinschaftliche und das nationalstaatliche Recht zu verschränken, dann im Vertragsverletzungsverfahren darum, daß die verschränkten Rechtsordnungen grundsätzlich zum Problem werden. Daß beide Verfahren einander umgekehrt proportional zugeordnet sind, zeigt sich schon äußerlich darin, daß die meisten Probleme, die zum Vertragsverletzungsverfahren führen könnten, durch das Vorlageverfahren gelöst werden (nur ein geringer Teil der Arbeit des EuGH befaßt sich mit dem Vertragsverletzungsverfahren) und daß etwa Ch. Tomuschat seine völlige Aufhebung und seinen Ersatz durch das Vorlageverfahren vorauszusehen glaubte[39]. Die äußeren Indizien für die oben aufgestellte These genügen nicht. Viel zu überraschend ist zunächst ihre Aussage.

Zu ihrer Begründung sei vorgetragen:

(1) Im Vertragsverletzungsverfahren geht es nicht mehr darum, daß Willensverschränkung als Krise oder Konflikt einzelner Gemeinschaftsinstitutionen mit nationalen Entscheidungsinstanzen zum Problem wird. Vielmehr geht es um eine prinzipielle Willensverschränkung, wie sie zwischen den Mitgliedstaaten und der Gemeinschaft als supranationaler Einheit besteht. Verletzt ein Mitgliedstaat im Einzelfall eine Norm, die als kompetenzmäßige Manifestation der gesetzgebenden Gemeinschaftsorgane aufzufassen ist, dann wird damit zugleich die Vertragstreue im ganzen in Frage gestellt.

(2) Für das Verschränkungsproblem bedeutet das, daß die prinzipielle Verschränkung, wie sie sich abstrakt in der Präambel zum EWG-Vertrag ausspricht, aber auch in anderen Vertragsartikeln zu finden ist, verletzt und gefährdet erscheint. Denn das Vertragsverletzungsverfahren findet Anwendung, wenn die Verletzung des Gemeinschaftsrechtes im Einzelfall so schwerwiegend ist, daß die Vertragstreue als Ganze und im grundsätzlichen Sinne in Frage gestellt und damit die sich hierin aussprechende Willensverschränkung eines Mitgliedstaates mit der Gemeinschaft in ein latentes Verhältnis gebracht ist, also nur noch nach der Kategorie der Möglichkeit Bestand hat. Verschränkung ist noch nicht aufgehoben, das geschieht erst, wenn der Mitgliedstaat sich auch nach mehreren Verfahren weigern würde, die vertragsmäßig zugesagte Verschränkung wieder zu aktualisieren. Sie ist aber in eine Gefährdung geraten, die durch den EuGH festgestellt wird.

(3) Diese Feststellung bedeutet nach ihrem Wesen eine juristische Aussage, sie ist ihrem Ziel nach ein moralischer Appell, weil nur die Vertragsgesinnung zur Änderung des Verhaltens führen kann, eine Vertragsgesinnung, die gegebenenfalls durch den mit dem Urteil zugleich gegebenen Appell an die „Öffentlichkeit" und durch seine „Anprangerung" vor der Öffentlichkeit neu mobilisiert werden kann.

(4) Wird so durch die prinzipiell vollzogene Willensverschränkung der Einzelfall zum Maßstab für die Gemeinschaftszugehörigkeit im

[39] *Ch. Tomuschat*, op. cit., S. 14.

ganzen, so ist damit die Umkehrung des Prozesses gegeben, der sich beim Vorlageverfahren abzeichnet, nämlich daß durch die Vertragstreue im ganzen der Einzelfall seine gemeinschaftsbezogene Beurteilung erfährt und damit Willensverschränkung neu realisiert wird. In diesem Sinne meinen wir, daß das Vertragsverletzungsverfahren die Negation des Vorlageverfahrens ist: Wird durch das Vorlageverfahren die prinzipielle Willensverschränkung zum Anlaß, Vertragsgesinnung und damit Willensverschränkung im einzelnen zu praktizieren, so wird im Vertragsverletzungsverfahren durch die mangelnde Willensverschränkung im einzelnen die Vertragsgesinnung selbst in ihrem grundsätzlichen Gegeben-Sein in Frage gestellt.

Das Vertragsverletzungsverfahren bedeutet also, daß die Willensverschränkung in eine Krise geraten ist, die nur durch einen klaren Akt der Vertragstreue und damit ein Einlenken auf eine im Institutionenrecht vorliegende Form der Willensverschränkung zu lösen ist.

Das Vertragsverletzungsverfahren bedeutet nicht Aufforderung zur Unterwerfung, sondern Aufruf, mit den Mitteln der Willensverschränkung und im Rahmen der sie praktizierenden Institutionen die nationalstaatlichen Interessen mit dem grundsätzlichen Willen zur Gemeinschaft zu verbinden. Willensverschränkung als Strukturprinzip des Institutionenrechtes und als bedeutender Integrationsfaktor zeigt sich in ihrer Krise, nämlich im Vertragsverletzungsverfahren, noch einmal in beachtenswerter Deutlichkeit.

Fünftes Kapitel

Das Prinzip der Willensverschränkung im Recht der Europäischen Gemeinschaften

Unsere Untersuchung über die Willensverschränkung im Recht der Europäischen Gemeinschaften hat zu zeigen versucht, daß die Willensverschränkung eine Rechtsfigur ist, die durchgängig die Struktur des Institutionenrechtes der Verträge zu den Europäischen Gemeinschaften ausmacht. Auch bei der Fortentwicklung des Institutionenrechtes bleibt sie strukturell bestimmend.

I. Willensverschränkung in ihrer mannigfaltigen Modalität

Die Verschränkungsmodalitäten konnten in ihrer großen Mannigfaltigkeit gezeigt werden. So findet Verschränkung zwischen verschiedenartigen, aber auch zwischen gleichen Entscheidungsebenen statt. Im Vorlageverfahren verschränkt sich der Wille zweier Judikativen miteinander, während sich bei der Arbeit des Europäischen Parlamentes die Legislative mit den Exekutiven verschränkt und bei der von Kommission und Ministerrat verschränkt sich der Wille zweier Exekutiven. Im Vertragsverletzungsverfahren geht es um eine Willenszuordnung zwischen der europäischen Judikative und der Legislative der Mitgliedstaaten und im Doppelmandat um die zweier Legislativen. Inmitten solcher Verschränkungsvielfalt zeigt sich eine dazu heterogene Kompetenzausstattung. Während sich bei der Willensbildung von Kommission und Ministerrat ein vorschlagender und ein verabschiedender Wille verschränken, geht es beim EP in den meisten Fällen um einen anhörenden, selten um einen mitentscheidenden, öfter um einen vorausschauenden, im Grenzfall des Mißtrauensvotums um eine Verschränkung des Willensgefüges, und bei den demokratischen Wahlen bzw. bei der Abordnung ins Europäische Parlament um einen ausschließenden Willen. Das judikative Organ brachte meist einen interpretierenden Willen in die Verschränkung ein, und nur beim Vertragsverletzungsverfahren wurde ein urteilender Wille sichtbar.

Auch kategorial beteiligen sich unterschiedliche Willensformen an dem Prozeß der Verschränkung, und zwar in vielen Variationen der

Abstraktionsstufen, diese oft genug überspringend. Vom Fundamentalwillen zur Gemeinschaft über den abstrakten und konkreten allgemeinen Willen bis zum objektiven und subjektiven Willen ergaben sich die mannigfaltigen Kombinationen und Zuordnungen, je nachdem, welche Interessen und Aufgaben die einzelnen Organe haben, die durch das Institutionenrecht aneinander verwiesen werden. Es zeigte sich als besondere Stärke der Gemeinschaft, daß der Fundamentalwille von leitender Bedeutung und in fast allen Verschränkungen primär oder sekundär mitbestimmend ist. Mit der verschiedenartigen Kompetenzausstattung der sich verschränkenden Willensorgane hängt zusammen, daß nur selten der zustimmende Wille beider Institutionen erforderlich ist, um einen gültigen Rechtsakt zu setzen. Oft genug ist ein an der Verschränkung beteiligter Wille durch die Verabschiedungskompetenz oder durch die Entscheidungskompetenz dominierend. Auch ohne formale Ausstattung am Mitbestimmungsrecht bleibt die Beteiligung des anderen Willens — bei vordergründiger Betrachtung kaum zu erwarten — nicht ohne Bedeutung. Es konnte gezeigt werden, daß Willensverschränkung ein bedeutendes Rechtsmittel ist und zwar bei verschiedenartigster Kompetenzausstattung, um „in dem Dilemma zwischen zentraler, ungehemmter Willensbildung und egalitärer Freiheit und Verantwortung Wahlmöglichkeiten mit verwertbaren Ergebnissen zu schaffen"[1]. Dieses schwer überschaubare Gefüge von Willensbildung und Willensverschränkung zeigt keine Systematik (nur Grundprinzipien). Es erscheint vordergründig als höchst willkürlich und uneffektiv, ohne Folgerichtigkeit und Konsequenz und für die Integration hemmend und hinderlich.

Wir haben zu zeigen versucht, daß dieses Rechtsinstrument in den Verträgen seinen Ursprung hat, aber zugleich eine geschichtliche Entwicklung widerspiegelt, die sich aus dem Miteinander der Einzelstaaten als Souveränitätssubjekte und als Mitglieder der Gemeinschaft ergeben hat. Dabei ging es immer darum, Willensbildungsorgane einander zuzuordnen, die bei ihren Entscheidungen ein Höchstmaß an Informationen einbringen können, die die Berücksichtigung möglichst vieler Interessen und Bedürfnisse gewährleisten, die die Bewahrung des Erreichten sichern und die schließlich Freiheit und Verantwortung der Beteiligten in Anspruch nehmen. Mangelnde Transparenz und mühevolle Entwirrbarkeit von Rechtskonstruktionen sind noch kein Unwert an sich, im Gegenteil, es konnte gezeigt werden, daß das komplizierte System der Europäischen Gemeinschaften dazu beigetragen hat, die Integration stetig (wenn auch langsam) zu fördern und die gewonnene Gemeinsamkeit zu festigen.

---

[1] Vgl. *Werner von Simson* in: VVDStRL 29, S. 30.

II. Willensverschränkung und die drei Grundprobleme der EG

Geht es bei der Bildung und Entwicklung der Europäischen Gemeinschaft darum, nationale Souveränitätsrechte in Gemeinschaftsrechte zu überführen, dann hat es die Willensverschränkung als Rechtsmittel im europäischen Institutionenrecht mit drei Grundproblemen zu tun:

(1) Bei allen Akten der Vergemeinschaftung und bei der höchstmöglichen Intensivierung des Fundamentalwillens der Verträge muß die einzelstaatliche Souveränität im ganzen erhalten bleiben. Alle Integrationsbemühungen können nicht außer acht lassen, daß vom politischen Anspruch der Einzelstaaten, aber auch von den fundamentalen Voraussetzungen der Verträge her und trotz aller Zugeständnisse an Europa als supranationale Einheit das nationalstaatliche System im ganzen einstweilen unangetastet bleiben muß. Und umgekehrt: Bei aller Tendenz zur Bewahrung nationalstaatlicher Souveränität kann kein Mitgliedstaat bei seiner politischen Selbstdefinition außer acht lassen, daß er durch die Verträge sich in eine Gemeinschaft eingebunden hat, in die er durch eine geschichtliche Entwicklung so eingebettet ist, daß eine Lösung faktisch unmöglich erscheint und daß also der eingeschlagene Weg bis zu Ende gegangen werden muß.

(2) Im Zusammenhang damit steht das unabweisliche Bedürfnis, die beiden Rechtsordnungen, nämlich die nationalstaatlichen und die der Europäischen Gemeinschaft, so aufeinander zu beziehen, daß eine einheitliche Rechtssubstanz entsteht. Im Bereich der vier Grundfreiheiten ist diese Arbeit geleistet, die sehr schwierige der übrigen Rechtssatzungen steht im ständigen Bemühen der Gemeinschaftsorgane. Der Bürger, der Subjekt zweier Rechtsordnungen ist, braucht ein einheitliches Recht. Das aber ist um so schwieriger zu erreichen, als die rechtsschöpferische Souveränität der Mitgliedstaaten und die rechtsschöpferische Selbständigkeit der Gemeinschaft nebeneinander stehen, und als die Gemeinschaft keine Vollzugsorgane hat, um eine Beachtung ihrer Rechtssetzungen durch die Mitgliedstaaten zu erwirken.

(3) Das in der Präambel proklamierte demokratische Prinzip als unverzichtbares Element der Mitgliedstaaten mußte auch für die Gemeinschaft in Geltung gebracht werden, und zwar so, daß weder die Gemeinschaft in ihrer Entwicklung gehemmt noch durch allzu großen Enthusiasmus zerstört würde.

Der demokratische Wille, den der Bürger zunächst in seinem nationalen Parlament aufgehoben sieht, muß für die Gemeinschaftsaufgaben in geeigneter Weise auf ein supranationales Parlament übertragen werden, aber so, daß der Ministerrat als oberstes Exekutivorgan nicht in kollidierende Abhängigkeit von zwei Parlamenten gerät, und so, daß dem Partizipationsbedürfnis des demokratischen Bürgers Rechnung getragen wird.

Wir haben zu zeigen versucht, daß die Willensverschränkung ein geeignetes Rechtsinstrument ist, um diese so antagonistischen Problemstellungen auf Zeit zu lösen. Die sich dann neu zeigenden Schwierigkeiten konnten dann jeweils wieder durch Verschränkung bei der Willensbildung der zuständigen Organe — in der Regel auf einer höheren Integrationsstufe — beseitigt werden. Die Willensverschränkung setzte damit eine innere Dynamik aus sich heraus, um in einem dialektischen Prozeß die Gemeinschaft weiter zu entwickeln dergestalt, daß dabei die antagonistischen Kräfte ein Höchstmaß an Toleranz zu entwickeln gezwungen werden, und so unter Beachtung der Interessen und Verantwortung der jeweiligen Gegenseite sich so weit wie nötig durchzusetzen und diese so weit wie möglich sich behaupten zu lassen, aufgerufen sind. Die grundsätzliche Entscheidung für die Verträge auf der einen Seite und die prinzipielle Kündbarkeit auf der anderen bilden den äußersten Rahmen, innerhalb dessen die Willensverschränkung ein technisches Rechtsinstrumentarium zur Verfügung stellt, damit bei allen Interessenkollisionen an dem Erreichten und damit an den Verträgen festgehalten und die Fortentwicklung gesichert wird.

III. Die staatsphilosophische Bedeutung von Willensverschränkung

Kategorial zeigt sich die Bedeutung der Willensverschränkung im Institutionenrecht der Europäischen Gemeinschaft darin, daß sie ein Instrument ist, um in dem Entscheidungsprozeß sichtbar und wirksam werden zu lassen, was eine mögliche und was eine unmögliche Möglichkeit ist. Eine Entscheidung zu fordern, die an Tausenden verschiedener Einzelvorstellungen über die Lösung eines Problems die höchste Spitze träfe, wäre ebenso sinnlos (weil überzeitlich und ungeschichtlich) wie eine Wahl zu erwarten, die zwischen unzähligen, kaum übersehbaren Möglichkeiten politischen Handelns geschähe (weil willkürlich und zufällig).

Durch verschränkende Festlegung wird die Entscheidungsbreite auf einen überschaubaren Bereich hier und jetzt möglichen Handelns festgelegt und kann dadurch frei und verantwortlich geschehen. Wenn das Wirkliche zugleich das ist, was möglich und notwendig ist, dann ist Willensverschränkung geeignet, beides, das Notwendige und das Mögliche aufzuzeigen, um Europa als Wirklichkeit zu schaffen. Europa als „realistische Utopie" oder als mögliche Notwendigkeit — das ist die Frage.

Literaturverzeichnis

Aristoteles: Metaphysica, hrsg. von Werner Jaeger, Oxford 1960

Baermann, Johannes: Die Europäischen Gemeinschaften und die Rechtsangleichung JZ 1959, S. 553 - 560

Bangemann, Martin / *Bieber,* Roland: Die Direktwahl — Sackgasse oder Chance für Europa? Baden-Baden 1976

Bertram, Christoph: Decision-making in the EEC: The management committee procedure, CMLRev. 1967/68, S. 246 ff.

Bieber, Roland: Organe der erweiterten Europäischen Gemeinschaft, Das Parlament, Schriftenreihe Europäische Wirtschaft, Baden-Baden 1974

Beyme, Klaus *von:* Grundtendenzen in der Entwicklung der Funktionen des Parlamentes in Westeuropa, Symposion über die europäische Integration und die Zukunft der Parlamente in Westeuropa, Luxemburg 1974

Bubba, Elena: La mission du Parlement Européen, Heules, Bruxelles, Namur 1969

Buchmann, Jean: L'analyse politique de l'intégration européenne, Bericht auf dem Kolloquium des Centre d'études Européen, Löwen 1973

Bülow, Erich: Das Verhältnis des Rechts der europäischen Gemeinschaften zum nationalen Recht, Bericht auf dem Kolloquium von Bensheim 1964 in Zeitschrift für das Gesamte Handelsrecht, Beilage Bd. 29, S. 28 ff.

Buerstedde, Sigismund: Der Ministerrat im konstitutionellen System der EG, Cahiers de Bruges N.S. 9 Bruges 1964

Constantinesco, Jean Léontin: Die unmittelbare Anwendbarkeit von Gemeinschaftsnormen und der Rechtsschutz von Einzelpersonen im Recht der EG, Schriftenreihe Handbuch für Europäische Wirtschaft, Baden-Baden 1969

Däubler, Wolfgang: Die Delegation von Rechtssetzungsbefugnissen im Recht der EWG, DVBl 1966, S. 660 ff.

Dumon, F.: La Cour de Justice des Communautés européennes et les jurisdictions des Etats membres, Rev. de droit int. comparé 1962, S. 369 ff.

— Le recours devant la CJCE, Cours année académique 1975/76 Bruges

Ehle, Dietrich: Vorlage an den Europäischen Gerichtshof gem. Art. 177 EWG-Vertrag, NJW 1963, S. 933 ff.

Ehlermann, Claus-Dieter: Institutionelle Probleme im Bereich der Durchführung des abgeleiteten Gemeinschaftsrechts, Anm. zur Entscheidung 25/70, EuR 1971, S. 41 ff.

— Anmerkung zur Entscheidung Stauder / Ulm in EA 1972, S. 41 ff.

— Die Vorschläge der Kommission zur Stärkung des Parlamentes, EA 1973, S. 820 ff.

Everling, Ulrich: Die Erweiterung der Rechtssetzungsbefugnisse der EG durch Art. 235 EWGV, EuR 1976, Sonderheft S. 5 ff.

Friauf, Karl-Heinrich: Staatshaushaltsplan im Spannungsfeld zwischen Regierung und Parlament

Etzioni, Amitai: Political Unification, A comparative study of leaders and forces, New York 1965

Fuß, Ernst Werner: Positionsstärkung des Europäischen Parlamentes, EuR 1972, S. 358 ff.

Gadamer, Hans Georg: Wahrheit und Methode, Grundzüge einer philosophischen Hermeneutik, 2. Auflage, Tübingen 1965

Grabitz, Eberhard: Gemeinschaftsrecht bricht nationales Recht, Hamburg 1966

Groeben, Hans *von der / Boeckh*, Hans *von:* Kommentar zum EWG-Vertrag, Bde. 1, 2 2. Auflage Baden-Baden 1974

Haas, Ernst B.: Beyond the nation-state, Functionalism and international organization, Stanford, Cal. 1964

Habermas, Jürgen: Strukturwandel der Öffentlichkeit, Politica Bd. 4, 3. Auflage, Neuwied 1968

Hegel, Georg Friedrich Wilhelm: Phänomenologie des Geistes, hrsg. von Johannes Hoffmeister, 6. Auflage, Berlin 1952

— Grundlinien der Philosophie des Rechts oder Naturrecht und Staatswissenschaft im Grundrisse, Fischer Studienausgabe Frankfurt/M. 1968

Hesse, Konrad: Grundzüge des Verfassungsrechts der Bundesrepublik Deutschland 10. Auflage Karlsruhe 1977

Houben, P. H. J. M.: Les conseils des ministres des Communautés européennes, Syrhoff-Leyde 1964

Ipsen, Hans Peter: Das Verhältnis des Rechts der europäischen Gemeinschaften zum nationalen Recht, Bericht auf dem Kolloquium in Bensheim 1964, Zeitschrift für das gesamte Handelsrecht, beil. Heft 29, S. 1 ff.

— Fusionsverfassung Europäische Gemeinschaften, Bad Homburg—Berlin—Zürich 1969

— Europäisches Gemeinschaftsrecht, Tübingen 1972

— Über Supranationalität in Festschrift für Ulrich Scheuner, Berlin 1973, S. 211 - 225

— Anmerkung zum Urteil des BVerfG in EuR 1975 S. 1 ff.

Kaiser, Joseph H.: Das Europarecht in der Krise der Gemeinschaften, EuR 1966, S. 2 ff.

Kant, Immanuel: Kritik der reinen Vernunft, hrsg. von Reymund Schmidt, 2. Auflage Hamburg 1952

Knopp, Werner: Über die Pflicht deutscher Gerichte zur Vorlage von Auslegungsfragen an den Gerichtshof der Europäischen Gemeinschaften nach Art. 177 EWGV, JZ 1961, S. 305

Köpernik, Gerhard: Die Ausweitung der Rechtssetzungsbefugnisse der Europäischen Gemeinschaften durch den Europäischen Gerichtshof Diss. München 1964

Kundoch, Harald Giselbert: Die Konstitutierung des Europäischen Parlamentes Zur Reform des Berufungsverfahrens der Abgeordneten, KSE 23, Köln—Berlin—Bonn—München 1974

Leibholz, Gerhard: Strukturprobleme der modernen Demokratie, Frankfurt/M. 1964

Lindberg, Leon: The political dynamics of European Economic integration, Stanford, Cal. 1963

Manzanarès, Henri: Le Parlement Européen, Paris 1964

Mestmäcker, Ernst-Joachim: Europäisches Wettbewerbsrecht, München 1974

Miggliazza, Alessandro: La Cour de Justice et le droit interne des Etats membres, Europäische Arbeitstagung in Köln vom 24. bis 26. April 1963, Séances des groupes de travail I, Rapport Général, KSE 1, Berlin—Bonn—München—Köln

Mosler, Herrmann: National- und Gemeinschaftsinteressen im Verfahren des EWG-Ministerrates; die Beschlüsse der außerordentlichen Tagung des EWG-Rates in Luxemburg vom 29. Januar 1966, ZaöRV Bd. 26, S. 1 ff.

Naßmacher, Karl-Heinz: Demokratisierung der Europäischen Gemeinschaften, Bonn 1972

Nicolaysen, Gert: Der Gerichtshof — Funktion und Bewährung der Judikative, EuR 1972, S. 375 ff.

Oetting, Ulf: Bundestag und Bundesrat im Willensbildungsprozeß der Europäischen Gemeinschaften, Schriftenreihe zum Öffentlichen Recht Bd. 210, Berlin 1973

Ophüls, Carl-Friedrich: Zur ideengeschichtlichen Herkunft der Gemeinschaftsverfassung in Festschrift für Walter Hallstein, Frankfurt/M. 1966

— Die Mehrheitsbeschlüsse der Räte in den Europäischen Gemeinschaften EuR 1966, S. 202 ff.

Pescatore, Pierre: Gemeinschaftsrecht und staatliches Recht in der Rechtsprechung des Gerichtshofes der Europäischen Gemeinschaften, NJW 1969, S. 2065 ff.

— Das Zusammenwirken der Gemeinschaftsrechtsordnung mit den nationalen Rechtsordnungen, EuR 1970, S. 307 ff.

Poullet, Edouard / *Deprez,* Gérard: Struktur und Macht der EG-Kommission, Europäische Schriften des Instituts für Europäische Politik, Bonn 1976

Reichel, Peter: Bundestagsabgeordnete in Europäischen Parlamenten — Zur Soziologie des europäischen Parlamentariers, Opladen 1974

Remus, Rolf: Kommission und Rat im Willensbildungsprozeß der EG, Heidelberger politische Schriften, Meisenheim 1969

Rijn, I. P. J. N. *van:* Le Comité des Représentants Permanents dans les Communautés élargies, CDE 1972 S. 636 ff.

Rousseau, Jean Jacques: Der Gesellschaftsvertrag, Stuttgart 1971

Sachsse, Christoph: Die Kompetenzen des Europäischen Parlamentes und die Gewaltenteilung in den Europäischen Gemeinschaften, Nastätten/Taunus (Frankfurter Diss.) 1971

Sasse, Christoph: Kommission und Ministerrat: konstitutionelle Rivalen? EuR 1972, S. 346 ff.

— Die institutionelle Fortentwicklung der Gemeinschaften, KSE 22, S. 61 ff. Köln—Berlin—Bonn—München 1973

— Regierungen, Parlamente, Ministerrat, Bonn 1976

Sattler, Andreas: Das Prinzip der funktionellen Integration und die Einigung Europas, Göttingen 1967

Scheuner, Ulrich: Bestandsaufnahme und Prognose zur Fortentwicklung des Europäischen Parlamentes, ZParl 1972, S. 496 ff.

Schindler, Peter: The problems of decision-making by way of the management committee procedure in the European Economic Community, CMLRev. 1971, S. 184 ff.

— Delegation von Zuständigkeiten in der Europäischen Gemeinschaft, Baden-Baden 1972

Schöndube, Claus (Hrsg.): Parlamentarismus und europäische Integration, Bonn 1975

Schwarze, Jürgen: Die Befugnis zur Abstraktion im europäischen Gemeinschaftsrecht, Baden-Baden 1976

Sidjanski, Dusan / *Meynaud*, Jean: Les groupes de pression dans la Communauté Européenne 1958 - 1968, Brüssel 1971

von *Simson*, Werner: Das demokratische Prinzip im Grundgesetz, VVDStRL 29 (1971), S. 2 ff.

— Der europäische Gerichtshof und unbestimmte Rechtsbegriffe, KSE 1, S. 402 ff., Köln—Berlin—Bonn—München 1960

— Der politische Wille als Gegenstand der Europäischen Gemeinschaftsverträge, Festschrift für Otto Riese, Karlsruhe 1964, S. 83 ff.

— Zur Kritik am Rechtsschutz in den europäischen Gemeinschaften, DVBl 1966, S. 653 ff.

— Zur rechtlichen Gestalt der europäischen Integration, Zeitschrift für das gesamte Handelsrecht 130 (1967), S. 63 ff.

— Die Marktwirtschaft als Verfassungsprinzip in den Europäischen Gemeinschaften in: Zur Einheit der Rechts- und Staatswissenschaften, Freiburger Rechts- und Staatswissenschaftliche Abhandlungen Bd. 25, S. 5 ff. Karlsruhe 1967

Smend, Rudolf: Verfassung und Verfassungsrecht, in: Staatsrechtliche Abhandlungen Berlin 1923, S. 119 ff.

Tomuschat, Christian: Die gerichtliche Vorabentscheidung nach den Verträgen über die Europäischen Gemeinschaften, Köln—Berlin 1964

Tracy, Michael: Agriculture in Western Europe. London 1970

Wagner, Heinz: Grundbegriffe des Beschlußrechtes der europäischen Gemeinschaften KSE 5, Köln—Berlin—Bonn—München 1965

Weber, Max: Parlament und Regierung im neugeordneten Deutschland, Gesammelte Politische Schriften, S. 327 ff., Tübingen 1958

Zehetner, Franz: Zum Vorlagerecht nationaler Gerichte an den Gerichtshof der Europäischen Gemeinschaften, EuR 1975, S. 113 ff.

Zellentin, Gerda: Budgetpolitik und Integration, Köln 1965

— Intersystemare Beziehungen in Europa-Bedingungen der Friedenssicherung Lyden-Sythoff 1970

Zuleeg, Manfred: Das Recht der Europäischen Gemeinschaften im innerstaatlichen Bereich, KSE 9, Köln—Berlin—Bonn—München 1969

— Die Anwendbarkeit des parlamentarischen Systems auf die Europäischen Gemeinschaften, EuR 1972, S. 1 ff.

— Das Verhältnis des Gemeinschaftsrechtes zum nationalen Recht, JuR 1973, S. 441 ff.

Kolibri 360 GmbH
Ferdinand-Jühlke-Straße 7
99095 Erfurt, Deutschland
produktsicherheit@kolibri360.de

Druck:
CPI Druckdienstleistungen GmbH
im Auftrag der
Kolibri 360 GmbH
Ferdinand-Jühlke-Str. 7
99095 Erfurt